誰のためのテレワーク？

近未来社会の働き方と法

大内伸哉［著］

明石書店

はしがき

　COVID-19（新型コロナウイルス感染症）の影響が広がるにともない，テレワーク（リモートワークとも呼ばれる）は，多くの人の仕事や生活にかかわる社会的現象になったが，それにより，これまでテレワークと無縁であった人たちを，困惑させることにもなった。毎朝，通勤して，職場で上司や同僚や後輩と挨拶をかわし，夕方まで，あるいは残業の場合は，夜遅くまで働き，仕事が終れば，互いに「おつかれ（さま）」と言って労をねぎらい，帰宅の途に就くという従来の働き方が，コロナの影響で一変した。通勤はなくなり，職場の仲間の顔を直接みないまま働くことが増え，仲間とのつながりは，主としてインターネットを介したオンラインによるものに変わった。安倍晋三政権のころから「働き方改革」はスローガンとして掲げられていたが，ここまでの「改革」の波が押し寄せることは，多くの人の想定を超えていたことであろう。

　ただ，視点を変えると，テレワークには，もう少し違う顔があることもわかる。経営者にすれば，社員が自宅で働いても，出社しているときと変らぬ成果を出してくれれば，オフィスの賃料，光熱費，通勤費用などの負担をしなくてよい分だけ利益が上がるので悪い話ではない。社員側にしても，出勤しないことにより，自分の時間がそれだけ増えるし，育児や介護の負担を抱えている人であれば，仕事との両立を実現しやすい。もちろん，このような労使のウィ

ン・ウィンを実現させるためには，テレワークをしても，これまでと生産性が変わらないか，それ以上であることが必要である。このため，世間では，効率的なテレワークに関するノウハウを教えてくれる情報に溢れている。

　しかし，テレワークは，そのような小手先のテクニックで対処すべきものではないというのが，本書の立場である。本書の目的は，テレワークはいったい誰のために行うのか，ということを根本から問い直すことにある。それはなぜテレワークなのかということを明らかにすることでもある。詳細は本書を読んで確認してほしい（手っ取り早く知りたい方は，終章から読んでもらいたい）が，とくに重要なのは，私たちは，デジタルトランスフォーメーション（DX）により，会社のあり方も労働者の働き方も大変革の渦中にあるという認識である。DXは不可逆的な流れであることを考慮すると，DXに適合的なテレワークへの流れもまた，とどまることはないであろう。テレワークは，やるかやらないかという段階ではなく，どのように取り組むかという段階に来ているのである。

　こうしたテレワークへの流れをさらに揺るぎないものとするのは，テレワークは，単に経済やビジネス上の要請に基づくだけではなく，私たちの社会が抱える多くの課題を解決するという重要な価値をもっていることである（どのような課題を解決するかの詳細は，本文を読んでほしい）。テレワークは誰のためか，という問いの答えは，働き手（会社員だけでなく，独立して働くフリーワーカーも含まれる）であるし，企業（会社）であるし，そして何よりも社会（および社会の構成員全員）なのである。

　本書は2020年5月から10月にかけて20回にわたり「Webあかし」で連載した「テレワークがもたらすもの──呪縛からの解放」に加筆

修正を加えたものである。きっかけは，明石書店から10年前に刊行した『君は雇用社会を生き延びられるか』の執筆当時，私が雑談の際にテレワークについて語っていたことを，担当編集者であった深澤孝之さんが覚えていて，現在の時勢にあったテーマとして声をかけてくださったことである。連載のときから，法律の専門的知識をもたない人を読者に想定し，そうした読者の代表としての深澤さんの疑問に答える形で執筆してきた（それゆえ，本書では細かい条文の引用はしていないし，文献や判例の参照も必要最小限のものにとどめている）。連載時と少し変えたのは，本書では，深澤さんをどことなく想起させる編集者Aくんが，ネットなどで比較的簡単に入手できる参考資料を渉猟しながら，テレワークについて学んでいくというスタイルをとっている点である（もちろん，Aくんや明智書店の設定は完全なフィクションである）。

　本書が，読者の皆さんに，テレワークについて，さらには近未来の働き方について，理解を深めていくための一助となれば，これにまさる喜びはない。

　最後となるが，長年の主張であったテレワークの意義について，社会に問う機会を与えてくださった明石書店および深澤さんには，心より御礼を申し上げたい。

2021年4月8日
コロナ禍でテレワーク生活をする神戸の自宅より

大内 伸哉

はしがき…… 3

プロローグ　ある編集者の悩みと決断 ……………………………………… 11

　　テレワークを始める／コミュニケーションの課題／後輩たちへの思い／家族との関係／デジタルとアナログ／テレワークと労働時間管理／テレワークと健康管理／テレワークとモチベーション／独立へ

序 章　テレワークとは何か ……………………………………………… 25

　1　テレワークの基本 ……………………………………………………… 25
　　「テレ」と「ワーク」の合成語／3つのタイプのテレワーク／誰がテレワークに適しているか／テレワークの実態／テレワークの転機

　2　テレワークの政策 ……………………………………………………… 31
　　政府は推進派／働き方改革では脇役／霞ヶ関とテレワーク／新型コロナショックの影響／現在のテレワーク政策／40年の眠りから覚めるか

　3　テレワークはなぜ普及してこなかったか ……………………… 39
　　テレワーク向きの仕事がない？／テレワークを阻む要因／みえてきた課題／厚生労働省の資料からみたテレワークの課題

　4　テレワークを阻害する働き方・働かせ方 …………………… 47
　　コミュニケーション／言語化の重要性／成果をどう評価するか／ジョブが不明確な日本の正社員／日本型雇用システムの壁／デジタルトランスフォーメーションの影響／経団連の立場からみる日本型雇用システムの変容

第 **1** 章 働く側からみたテレワーク ……………………………… 57

   1 雇用型テレワークの魅力 ……………………………………… 57

雇用と自営／雇用で働くとはどういうことか／労働者とは誰か／通勤不要のテレワーク／ハラスメントフリー／良いとこ取りの働き方？

   2 監視とプライバシー ……………………………………………… 67

テレワークと監視／テクノロジーの活用／人間の目と機械の目／プライバシーとは／つながらない権利／個人情報の保護／プロファイリング／テレワークと個人情報保護

   3 社員の安全を守るテレワーク ………………………………… 79

会社の安全配慮義務／社員は出勤を拒否することができるか／ハラスメント職場での出勤拒否権／テレワーク権／日本型雇用システムと転勤／出勤拒否と給料／テレワークと給料

   4 可能性を広げるテレワーク …………………………………… 89

ハンディを乗り越える／妊娠や病気のときもテレワークは味方／育児と仕事の両立／介護離職ゼロをめざして／住む場所に関係なく働ける／テレワークへの反発／乗り越えなければならない壁／居場所がない／元に戻ることはない

第 **2** 章 企業からみたテレワーク ……………………………… 105

   1 オフィスのバーチャル化 ……………………………………… 105

ニューノーマルへの移行／テレワーク義務／在宅勤務の費用／納得したテレワークが大切／オフィスがなくなる／5Gのインパクト／未来の職場

   2 労働時間の管理 ………………………………………………… 115

法律の労働時間規制／みなし労働時間制／裁量労働制／高度プロフェッショナル制度／フレックスタイム制

3 テレワークと健康 ··· 126

健康管理と労働時間の把握／工場法時代からのレガシーシステム／
心配しすぎの法律？／健康配慮義務／自己健康管理を助けるテクノ
ロジー／パターナリズムからリバタリアン・パターナリズムへ

4 技能の承継 ·· 139

採用選考も変わる／暗黙知をどのように伝えるか／ベテラン受難の
時代／テレワークで新たな発想が生まれるか

第3章 フリーワーカーにとってのテレワーク ················· 149

1 会社員は消えていく ··· 149

人間は何をして働くのか／棚卸しされるホワイトカラーの仕事／機
械化とはどういうことか／雇用保障は幻想？／外部人材の活用／タ
ニタの挑戦／BPOのインパクト／フリーワーカーか会社員か──つ
きつけられる選択肢

2 セーフティネットの格差 ·· 164

保障が手厚い会社員／社会保障面ではどうか／独立すれば保障はど
うなる？／副業から独立へ？／公正な保障をめざして

3 フリーワーカーへの支援 ·· 173

雇用類似のフリーワーカー／自営型テレワークガイドライン／優越
的地位の濫用の禁止／どのようなフリーワーカーを想定すべきか／
AIに負けないジャーナリストになるために必要なこと／経済的自
立に向けた支援こそ重要

4 自立を支える公助と共助 ·· 183

なぜ職業基礎教育の必修化が必要か／オンライン学習とAI教育／
労働と教育／間に合うかもしれない／新たな共助の形

第**4**章　社会にとってのテレワーク ……………………………… 193

 1　少子高齢社会とテレワーク …………………………………… 193

  少子高齢化の進行／老後も働く／地方に移住／地方自治体とテレ
  ワーク／企業はなぜ副業を制限してきたのか／パラレルワーク

 2　地域社会とテレワーク …………………………………………… 205

  職住一体化／シェアリングエコノミー／知識のシェアリング／フ
  リーワーカーが支える政治／芸能人の政治的発言／自営型テレワー
  クが民主主義を支える

 3　デジタルプラットフォームの効用と危険性 ………………… 214

  仕事の仲介／デジタルプラットフォームとは／アマゾンはなぜ成功
  したのか／人材のデジタルプラットフォームへの規制／究極のビジ
  ネスモデルか／AIは新たな支配者か

 4　デジタル社会の落とし穴 ……………………………………… 224

  信用はどこから来るのか／信用スコア／HRテックの危険性／
  BYODの危険性／もう一つのセキュリティ／デジタルデバイドを
  生まないために

終章　近未来の働き方に向かって …………………………………… 239

  テレワークへの移行は止まらない／SDGsからみたテレワーク／奪
  われた場所主権／場所主権の回復／デジアナ・バランスの重要性／
  呪縛からの解放

プロローグ

ある編集者の悩みと決断

テレワークを始める

　老舗の出版社である明智書店で編集者として働くAくん。入社12年目の彼が直面したのが新型コロナでした。政府がテレワークを推奨したことから，明智書店も，社員に対して，在宅でのテレワークであっても出社扱いにすることに決めました。これをきっかけに，Aくんも家族サービスの時間が増えるのではないかという期待をもって，テレワーク生活を始めることにしました。会社がテレワークを認める期間は，当初は1か月の予定でしたが，1か月を経過したところで，週に1回出社することを条件にその他の日はテレワークを継続してよいということになったので，Aくんの勤務形態は週4日テレワーク，週1日出社となりました。ただし，20名ほどいるAくんの先輩のほとんどはテレワーク反対派で，彼らはAくんが完全テレワークをしている間も，ずっと出社し続けていました。会社の姿勢は，政府が推奨するからテレワークを導入しただけで，社員には強制しないというものでした。会社は，表面上はテレワーク推進というポーズをとりながらも，本音のところでは，テレワークではうまく仕事がまわらないのではないかという懸念をもっていたので，従来どおりの働き方をする社員がいれば，それをむしろ歓

迎していたようです。このような会社の姿勢をみていたAくんは，おそらく会社が本格的にテレワークに対応した勤務体制をとることはないだろうし，テレワークは，コロナ禍で緊急避難的にやっている一時的な現象にすぎず，アフターコロナでは，元の働き方に戻ることになるだろうと思っています。ただ，世間では，必ずしもそうではなく，オフィスを廃止した会社のように，全社員に完全テレワーク（出社日を設けないテレワーク）を求めるところも出てきているようです。どうもテレワークには向いている業種とそうでない業種があるようで，出版業界は前者に分類されるはずですが，現在の明智書店の状況をみていると，必ずしもそうでないようにも思えてしまいます。業種がテレワーク向きかどうかよりも，その会社の業務体制がどのようなものであるかが重要なのでしょう。

コミュニケーションの課題

　Aくんは，テレワークを始める前は，テレワークをすると，これまでの仕事がやりにくくなるのではないかと不安を感じていましたが，実際にやってみると，意外にそうでもないことがわかりました。情報通信技術（ICT）の発達により，パソコンがあって，インターネットにつながってクラウドにアクセスすることさえできれば，出社して仕事をするのとあまり変わりない仕事環境をつくることができました。会議も，Web会議などのオンラインミーティングにより，意外にスムーズにいくことがわかりました。最近のパソコンには，性能の高いマイク，スピーカー，カメラが標準的に装備されています。明智書店では，個人用のパソコンを使って仕事をしてよいことになっています（BYOD）が，マイクなどが使えないパソコンをもっている社員には，会社が購入費用を負担してくれました。

　Aくんは，テレワークをする前は，先輩にちょっとした質問をし

たいときや，後輩に簡単な指示を出したりするとき，いちいちそれを電子メールでやるのは面倒ではないかなと思っていたのですが，Slackやチャットを使うと，簡単にコミュニケーションをとれるので，実際にはそれほど大きな問題ではありませんでした。むしろ直接聞くよりも，こういう情報ツールを用いたほうが，かえって気軽にコミュニケーションがとれることは意外な発見でした。もちろん，こうした方法には欠点もあります。それはオンラインでは，対面型であれば可能であった，表情などの言葉を使わない方法で，自分の考え方や気持ちを伝えることが難しいことです。上司の指示もきちんと言語化しておかなければ，社員にはなかなか伝わりません。

　プレゼンの際に頑張る感でアピールするなんてことも，オンラインでは難しくなりました。内容が勝負です。それに，これまでは，その場にいて顔を見せるだけでも存在感を発揮できていた人も，オンラインだと，きちんと発言していなければ，存在感をアピールできないこともわかってきました。会議が終わったあとに，「あの人は出席してたっけ」というようなこともありました。要するに，テレワークでは，自分の言いたいことを言語化・可視化して伝えるという真の意味でのコミュニケーション能力を磨く必要があるということです。明智書店にはいませんが，外国人社員がいるような職場では，彼らが苦手とすると日本人同士の阿吽の呼吸といったものが，オンラインではみられなくなり，それだけ透明性が高い会社風土になるかもしれません。

後輩たちへの思い

　とはいえ，Aくんは，言葉にできないことを伝えるのにも意味はあると思っていました。例えば，自分が新入社員だったころのことを振り返っても，仕事は先輩のやり方を見よう見まねで覚えていき

ましたし，会社の社風やインフォーマルなしきたりのようなものは，肌で感じることによって体得していきました。だから，そうしたことを経験できない後輩たちはかわいそうだと思います。もちろん，テレワークであっても，仕事を覚える方法がないわけではありません。対面型ではない働き方に合わせた教育訓練の方法だってあるはずです。それに，最近の新入社員をみていると，会社の社風などにあまり関心をもたない者も増えている印象があります。会社の雰囲気を理解してそれに合わせていこうとする発想があまりないようなのです。むしろ，彼らは，自分にはやりたいことがあって，それを実現する場が会社と割り切っている感じがします。どうしても会社が自分に合わなければ，退職することもいとわないという感じです。彼らとて，同期や先輩社員と一度も直接会ったことがないことが良いとは思っていないかもしれませんが，たぶんそれは，年に数回，社員一同が集まってオフラインの交流の場を開けば十分だと思っているのではないでしょうか。

　むしろ会社のほうこそ，今後は，こうした新しい感覚の新入社員をつなぎ止めるために，これまでのやり方を改めて，新しい方法を考えていく必要があるのではないかと思います。彼らは，大学の授業もリモート授業に変わるなど，オンラインでいろいろな物事をするのに慣れている世代なので，テレワークにもそれほど抵抗感がないでしょう。就職活動だって，アフターコロナでも，オンラインで進められていくのがニューノーマルになるかもしれません。会社が，テレワークを，一時的な働き方とみて，テレワークに合った業務体制を整えるのを怠っていると，優秀な人材が集まってこないでしょう。優秀な人材は，会社の雰囲気がわかりにくいとか，先輩の働き方をみることできないとかいうような問題よりも，テレワークできちんと働ける環境があるかを重視すると思われるからです。

Aくんは，そのように考えながら，自分も早くそうした新しい環境に順応しなければいけないなと思っていました。若い社員についていけないと，会社から旧世代の不要な人材とみられて，リストラ要員にもなりかねません。注意をしようと気を引き締めました。

家族との関係

　さて仕事の面はともかく，Aくんは，自分がテレワークをすると，家族がもっと喜んでくれると思っていたのですが，実際には，あまり歓迎されていないことがわかり，ショックを受けました。自分は家族に好かれていると思っていたのですが，それは思い上がりだったのかもしれません。現在は育児のために仕事を辞めて専業主婦をしている妻に，この点をたずねると，理由は比較的簡単なことでした。突然，終日，Aくんが家にいて，しかも仕事のためのスペースが取られるようになったので家が窮屈になったし，昼ご飯の準備も大変だということでした。小学生と幼稚園児の二人の子どもからも，お父さんが家にいても遊んでくれるわけではないし，むしろ仕事中は気をつかわなければならないのが不満の原因でした。とくに小学校と幼稚園の休校措置と重なったときには，家は過密状態になり，だからといってコロナ禍では外に遊びに行くこともままならない子どもたちは，ストレスをためていたようです。ということで，自宅でのテレワークは，正直なところ，あまり快適ではありませんでした。もっとも，この問題は，会社が自宅近くのサテライトオフィスであるシェアオフィスの利用を認めてくれるようになったことから，解決できました。情報セキュリティ面の心配があったのですが，その対策が講じられることになったからです。サテライトオフィスは歩いて30分くらいのところにあり，少し遠いですが，これまでの通勤とは全く違い，移動にともなうストレスはほとんどないし，運

動不足の解消にもなるので一石二鳥でした。

　Ａくんは，テレワークが成功するためには，家族の理解や協力が必要だということが，今回よくわかりました。テレワークが，ワーク・ライフ・バランスの両立につながるというのは，たしかにその面はあるものの，話はそう単純ではないことを実感していました。

デジタルとアナログ

　テレワークが始まってもう一つわかったことは，明智書店は，テレワークをするには，あまり適していない業務体制にあったことです。老舗の出版社なので，仕事のやり方は昭和の時代からほとんど変わっておらず，アナログ的な働き方が温存されていました。しかしそのような働き方を前提として，たくさんの仕事のノウハウが蓄積されており，先輩社員が名人芸のごとくそれを駆使し，そしてそれを後輩社員が継承してきたのです。Ａくんも，そのような社員の一人でした。いまさらテレワークとか新しい働き方とかと言われても，これまで蓄積したものを簡単に捨て去ることはできません。例えば，紙の資料の作成の仕方なども細かい決めごとがあるのですが，それはテレワークになると実行が難しくなります。そのため，コロナ禍のテレワーク中でも，資料を自宅から郵便で送るようにと指示する先輩もいました。多くの社員は，すでに電子メールでPDFファイルを添付したりすることはやってはいたのですが，やはり紙にこだわる人もいるのです。また，前にノートパソコンをもちこんで，パワーポイントでプレゼンをしようとした若手社員に，横着せずに紙の資料をつくるようにと叱責した先輩社員もいました。パワーポイントのスライドをつくる苦労を知らずに，手を抜いたと決めつける先輩社員の姿をみて，Ａくんは世代間の断絶は思っている以上に深いなと感じていました。こうした先輩社員の仕事の進め方につい

ては，経営陣も何も言うことはできず，結局，テレワーク中も，郵便やファックスを使ってのやりとりは続いたのです。

　Aくんにとって，問題があると感じていたのは，先輩たちだけではありませんでした。編集者にとって，印刷会社や取次会社と並ぶ取引先として重要なのが著者です。実は，著者との付き合い方も，テレワークになじまないところがありました。例えば，はじめて執筆の依頼をする人には，やはり電話や手紙のやりとりだけでは不十分で，直接会って話をする必要があるという考え方は，社内ではかなり強固なものです。Aくんも一度もリアル空間で対面したことのない著者に，書籍の執筆の依頼をすることには抵抗感がありました。とはいえ，コロナ禍で出張ができない状況では，著者が遠方にいれば直接会うことができず，手紙や電話で連絡をとらざるを得ませんでした。やはり直接会うのとは全然違う感じがしていましたが，そのうち会社でやっているWeb会議の方式で，著者の方とも話をするようになったので，状況はずいぶん改善しました。それに，出張の手間が減ったという点でも助かりました。もっとも，出張を楽しみにしていた先輩たちからは，余計なテクノロジーが出てきたと恨み節も出ていましたが。

　そもそも著者に関する情報は，よほど若い新人でないかぎり，インターネットで公開されているものが多く，このことが直接会う必要性を小さいものとしていました。ただ明智書店側の理由はなくても，著者に対する礼儀として，一度も直接挨拶をせずに執筆依頼をするのは失礼ではないかという懸念はありました。よく営業などでも，取引先から「電話とメールだけで失礼だ」と叱られることがあるという話を耳にします。幸い，明智書店で出版する著者は大学関係者が多く，Web会議方式に慣れているので，こちらが実際に会いにいかないことについて，別に失礼と感じるような人がほとんど

いなかったので助かりました。

　もちろん実際に執筆を依頼したあとの校正ゲラのやり取りについては，とくにシニアの著者の中には，紙でなければ困るという人が少なくありませんでした。いまのシニア世代が減っていくと，状況は変わるかもしれませんが，当面はどんなに社内でペーパーレス化が進んでも，郵便やファックスは捨てられないなという気がしました。取引先がペーパーレスでないので，自社もペーパーレスを実現できないという話はよく耳にしますが，明智書店でも同じようなことが起きていたのです。それともう一つ，社内で，テレワークの対象から除外されている部署があったことも忘れてはなりません。それが経理部です。経理係は，行政的な手続や取引先との関係で，ペーパーレスではなく，さらに印鑑を押さなければいけないので，どうしても出社をする必要がありました。経理係の社員たちは，印鑑のために，どうして自分たちだけテレワークから外されているのかという不満が強かったようです。行政が押印の廃止やペーパーレス化を進めてくれるみたいなので，今後は，この問題は解決されていくかもしれません。

テレワークと労働時間管理

　明智書店では，テレワークを望まない社員には強制しないことにしていましたが，Ａくんは，もし会社がテレワークを強制すると，どうなるのかということが気になっていました。これは勤務場所の変更となるので，一種の転勤のようなものなのだろうか，でも自宅で仕事をするにすぎないので，転勤とは違うのではないか，どっちにしろ，会社が命じればそれに従わなければならないのか，それともこれは社員に拒否する権利があるのか，といった疑問が次々と出てきました。おそらくこれからは，多くの会社で，就業規則におい

て，テレワークに関する条項をきちんと置くようになるのではないかと思います。入社時点から，就業規則において，勤務場所が自宅あるいはサテライトオフィスになるかもしれないということが定められていれば，会社はテレワークを命じてもよいように思えます。ただ，そのような定めがなければ，就業規則を変更しなければなりません。明智書店でも，就業規則の変更はときどきやっていて，そのたびに法律で必要とされる過半数代表者を選出するという手続をとっていました。明智書店のように労働組合が結成されていない会社では，こうした方法で労働者の代表を定める必要があるようです。以前は，明智書店でも，こうした手続をきちんととらないまま，就業規則の変更をしていて，労働基準監督署から指導を受けたことがあったために，社会保険労務士と顧問契約を結んで，その指示どおりにやるようになったそうです。ただ，今回のように，テレワークの導入に反対している社員がいる場合に，過半数代表者の同意を得て就業規則を変更するだけで，テレワークを導入できるのかについては，法的には必ずしも明確ではないようです。テレワークの導入が労働条件の不利益変更であるかどうかは何とも言えないところですが，もしそれに該当するとなると，法的には厳しい要件が課されることになるようです（社員の同意を得るか，さもなければ就業規則の変更が合理的なものでなければなりません）。

　労働時間の管理がどうなるのかも気になりました。これまでは出社したときと退社したときには，タイムカードに打刻し，途中で著者に会いに出かけたり，印刷会社に行ったりするために外出するときは，そのつど上司に連絡していました。しかし，在宅勤務のテレワークとなると，こうした方法をとることはできません。最近の会社では，勤怠管理システムを使って，時間管理などをしているところも多いようです。

Ａくんとしては，テレワークで残業をしたときに，超勤手当をきちんともらえるのかが心配でした。明智書店では，１日の労働時間は８時間を超えてはならないという法律の規定にしたがい，始業時間は９時，休憩時間は12時から45分，終業時刻は５時45分となっていました。そして，早出をしたり，残業をしたりした場合には超勤手当が支払われることになっていました。法律上は，割増賃金と呼ばれるようです。残業については，かつては，会社は法律の規定をあまり意識していなかったのですが，ここでも前述の就業規則の不利益変更の場合と同様，労働基準監督署から注意を受けたので，現在では，社会保険労務士の指示にしたがって，法律で義務づけられている36協定と呼ばれる協定を締結するために，過半数代表者を選出するようになっています。Ａくんも，過半数代表者を選出する会議に出席しています。だいたい中堅の社員が選出されており，もうすぐしたら自分にも順番が回ってくるかもしれないと思っていました。

　ただ，Ａくんが懸念しているのは，テレワークのときに，労働時間の管理がきちんとなされないと，超勤手当の支払もきちんとされないのではないか，という点です。労働時間の長さを正確に把握できなければ，超勤手当の計算もできないと思えるからです。他の出版社では，外回り専門の営業社員については，特別な労働時間管理の仕組みが法律上認められているという話を聞いたことがあります。在宅勤務はオフィスの外で働いているという点では，外回りの営業社員と変わらないとも言えそうです。その他にも，フレックスタイム制とか裁量労働制とか，労働時間に関しては，いろんな仕組みがあるようです。これらがテレワークで働く人に関係するものなのかも知りたいなと思っていました。

テレワークと健康管理

　それから，労働時間というと，テレワークをしていれば，働き過ぎになるおそれがあると言われることもあります。Aくんは，実はそれとは逆に，サボりが増えるのではないかとも思っていました。ただ，テレワークだと，会社が仕事のプロセスを細かくチェックすることが難しいので，成果を重視する処遇に変えていくことになり，そうなると，成果を求めて頑張りすぎてしまう社員が出てくる懸念があると言われています。Aくんは，確かに，まじめな社員が多い会社ほど，そうした懸念は当たっているような気もしました。ただ，会社は，社員の健康面について責任をもつのは当然だと思いますが，テレワークのような労働者本人に任せる部分が多い働き方の場合には，会社に社員の健康面の責任を負わせるとしても限界があるようにも思えます。あまり会社の責任をうるさくいうと，管理をしにくいテレワークは止めようということになり，それではテレワークをやりたい人にとってかえって困ることになります。

　とはいえ，会社には，やはり一定の責任を負ってもらいたい気もします。では，どのようにすればよいのでしょうか。例えば，会社によっては，テレワーク中に，ずっとインターネットをとおして監視しているところもあるようです。性能の高いカメラは，会議で役立つだけでなく，社員の監視用にも使うことができるのです。これなら働き過ぎを防止することはできるかもしれません。監視されるのは落ち着かない感じもしますが，勤務時間中であれば仕方ないともいえます。ただ，普通の職場での上司の監視と違って，油断も隙もみせられない感じがするので，ストレスがたまりそうです。これが長く続くと，精神に不調をきたすかもしれません。他の社員と実際に会わずにずっと自宅で仕事をしていると，孤立感をおぼえて病んでしまう人もいるでしょう。過労は防げても，メンタルを損なっ

てしまっては意味がないように思えます。それに在宅勤務の場合には，私生活の領域を覗き見されてしまうおそれもあるので，プライバシーが侵害されてしまうのではないか，という不安もあります。このような不安も精神衛生上，良くない影響があるでしょう。

　社員のメンタル面のケアは，やはり会社に責任をもってやってもらいたいです。おそらくテレワークに合った新たな発想での健康管理のあり方が求められていくのではないかと思います。

テレワークとモチベーション

　こうした法的責任とは別に，会社としては，先ほども述べた「サボり」の問題などもあるし，社員の働きぶりをどのようにチェックして，うまくやる気を出させて成果につなげるかは重要な課題となりそうです。とくに上司は，リモート環境のなかで，どのように部下との関係を築くかは，新たなチャレンジとなります。Aくんは，いまは主任という立場で管理職の末端にいるにすぎませんが，部下に指示を出すときも，やはり直接するほうが，Web上の画面をとおした指示とか，Slackでの指示よりも，伝わりやすいなという気がしています。評価についても，部下の評価は先ほどもみたように徐々に成果を中心にしたものになっていくでしょうが，それだと，成果が出しにくい仕事についている人とか，縁の下の力持ち的な仕事をしている人をうまく評価できない可能性もあります。そうした人たちがやる気を出さなくなれば，会社の業務は回らなくなるでしょう。テレワークをうまくやるためには，社員がどういうことをやるべきかについて明確化していくと同時に，本人のやる気を損なわないような公正な評価システムを構築することが重要ではないかと，Aくんは考えていました。

独立へ

　実はAくんは，テレワークで働くことについていろいろ考えていくなかで，今後，このまま明智書店で働き続けていてよいだろうかと自問自答するようになっていました。Aくんが出版業界に入ったのは，世の中にある情報や知識を社会に届けるという仕事に魅力を感じていたからでした。明智書店は歴史も伝統もあり，先輩たちも優秀で，しっかりした本づくりをするという点で教わったことが多かったですし，よい著者とのネットワークもあるし，これまでは明智書店で働くことに大いに満足していました。ただ自分のこれからの人生を考えたとき，これでよいのかという疑念を拭うことができませんでした。これだけ大きな技術環境の変化が起きているのに，アナログ感覚にどっぷりつかっている先輩社員の意見が強く，デジタル技術の導入になかなか踏み切れない会社にもどかしさも感じ始めていました。前述のように，著者の方のやりとりもアナログ的な方式から脱却できず，また，明智書店のファンは年配層が比較的多いので読者からのデジタル書籍化の声が高まらず，社内では先輩たちがテレワークに反対しているような状況では，自分がこのまま昭和的な働き方に埋没してしまうのではないか，という不安に駆られるようになりました。

　さらに，こうしたAくんの気持ちに追い打ちをかけるような出来事がありました。昨年，入社4年目と5年目の女性社員が相次いで退職することがあったのです。一人はパティシエになる夢をかなえるために，もう一人は実家の農家がIT化を進めるので，それが面白そうなので手伝うため，というのが退職理由でした。Aくんは，この二人には，かなり目をかけて仕事を教えたり，一緒にチームを組んで書籍をつくったりしていたので，退職すると聞いたときショックを受けました。しかし，逆に自分のことを考え直すきっかけに

もなりました。そんなときに新型コロナショックが起きたのです。

　Ａくんは，情報や知識を本にして社会に伝える仕事，できれば子どもたちの未来を真剣に考えている人に向けて，情報を届ける仕事をしたいと考えていました。そして，それだったら明智書店という会社の社員でなくても，独立してもやれるのではないか，そしてそのほうが，いろいろなしがらみなく，自由に自分のやりたいことをやりたい方法でできるのではないか，と考えるようになってきました。テレワークにより，通勤をしなくてすむぶん，いろいろと将来のことを考える時間の余裕ができたのです。

　ただ，独立するのには勇気が要ります。明智書店にずっといれば，安定した生活は保障されるでしょう。家族のことを考えたら，そのほうがよいかもしれません。育児に専念している妻が，いつ職場復帰するかも，まだはっきりわからない状況です。ここでもし自分が独立して失敗したらと思うと，なかなか一歩を踏み出せないでいます。いずれにせよ，まずは独立したらどうなるのだろうか，ということを知ることが必要だと思いました。労働法で守られなくなる，社会保険の内容が変わるといったことは，すでに知識をもっていました。さらに現在，フリーランスに対する政策に政府が力を入れているという話も耳にしました。ただ，それが具体的にどういうことであるのかは，よくわかっていませんでした。

　Ａくんは，自分たちの子どものことを考えると，近未来社会の働き方がどのようになっているのかを自分でもしっかり学びたいと思うようになっていました。そして，自分が独立して，新しい働き方に身を投じて，そこでいろいろと学んでいき，それを本にして伝えることには大きな意義があると考えるようになりました。本書は，こうしたＡくんの学習の軌跡なのです。

序 章

テレワークとは何か

1 テレワークの基本

「テレ」と「ワーク」の合成語

　テレワークとは，いったい何か。まず，そこから確認しておくことにしよう。テレワークについては，一般社団法人日本テレワーク協会（以下，略して「協会」）のサイトには，基本的な情報が掲載されている[1]。

　まず，テレワークとは，「テレ」と「ワーク」をあわせた造語であり，「情報通信技術（ICT＝Information and Communication Technology）を活用した，場所や時間にとらわれない柔軟な働き方」である。

　「テレ」は英語の「tele」という接頭語で，ギリシャ語起源の「離れて」という意味である。同じ tele という接頭語を使う英語を探してみると，telephone（電話），television（テレビ），telepathy（テレパシー）などがある。離れた人と音声（phone）をやりとりするから電話となり，離れたところから画像（vision）が届くからテレビになり，離れた人の感情（pathy）が届くからテレパシーとなり，そして，オフィスなどから離れて労働（work）するからテレワークとなる。ただ，外国では，テレワークという言葉は，必ずしも一般的ではなく，テレコミューティング（telecommuting）という言葉のほうが，よく使われるようである。コミューティングは通勤という意味なので，こ

れは離れたまま通勤すること，つまり通勤しないで働くことを強調
した表現と言えるであろう。

3つのタイプのテレワーク

　テレワークは働く場所によって，自宅利用型テレワーク（在宅勤
務），モバイルワーク，施設利用型テレワーク（サテライトオフィス
やコワーキングプレイスなどでの勤務）の3つに分けられる。さらに最
近，第4の類型として「ワーケーション」も追加される傾向にある。

　協会のサイトの説明によると，「在宅勤務」は，「自宅を就業場所
とする働き方」，「モバイルワーク」は，「電車や新幹線，飛行機の
中等で行うもの」，「サテライト／コワーキング」は，「企業のサテ
ライトオフィスや一般的なコワーキングスペースで行うもの。企業
が就業場所を規定する場合も，個人で選択する場合も含む」，「ワー
ケーション」は，「リゾートなどバケーションも楽しめる地域でテ
レワークを行うこと。ビジネスの前後に出張先などで休暇を楽しむ
ブレジャーも含む」とされている（図表0-1）。

　サテライトオフィスは，会社が自前のものをもっていることもあ
るが，レンタルしている例もある。こうしたオフィスには，コワー
キングプレイス，シェアオフィスなど，いろいろな呼び方がある。

図表 0-1　4つのタイプのテレワーク

在宅勤務	サテライト／ コワーキング	モバイルワーク	ワーケーション

誰がテレワークに適しているか

　テレワークが適しているのは次のような人たちとされてきた（図
表0-2）。

図表 0-2　テレワークが適している人たち

❶ 通勤が困難な人

・育児・介護中の人，妊娠やケガをしている人，障害者，高齢者 など

❷ パソコンとインターネットで業務の大半を処理できる人

・管理部門，研究・開発部門の人 など

❸ 顧客対応業務の人

・外回りの営業担当者 など

　❶のカテゴリーの人たちは，テレワーク（在宅勤務型）という働き方があるからこそ，仕事に参加したり，継続したりできるので，テレワークのニーズが高いであろう。❷のカテゴリーの人たちは，テレワークをしようと思えばできるというタイプの人であろう。Aくんの働く明智書店がつきあう著者に多い大学の教員も，このカテゴリーに属すであろう。❸のカテゴリーの人は，仕事の性質上，テレワーク（モバイルワーク型）をすることが必須の人たちである。

　ただ，テレワークは，それに適した人が，このようなカテゴリーの人に限られていたこともあり，労働者全体でみると，それほど普及はしていなかった。このことは，いくつかの政府のデータからも確認することができる。

テレワークの実態

　まず，総務省の「令和元年通信利用動向調査」（2019年）をみてみよう▶2（図表0-3）。それによると，テレワークを導入している企業の割合は20.2％（前年は19.2％）である。その内訳は，モバイルワークが63.2％，在宅勤務が50.4％，サテライトオフィス勤務が16.4％である。前述の❸のカテゴリーの人が中心ということである。前年は，それぞれの割合が，63.5％，37.6％，11.1％であるので，

在宅勤務が大きく増えていることがわかる。

　産業別にみると，「情報通信業」「金融・保険業」での伸び率が高く，導入率はそれぞれ46.5%，40.7%と半数近くになっている。資本金規模別にみると，資本金が多い企業ほど導入率は高く，50億円以上の企業の導入率は64.3%となっている（図表0-4）。

　導入の効果については，「非常に効果があった」または「ある程度効果があった」と回答した企業の割合が87.2%（前年は81.6%）と

図表0-3　テレワーク導入企業の割合（20.2%）の内訳

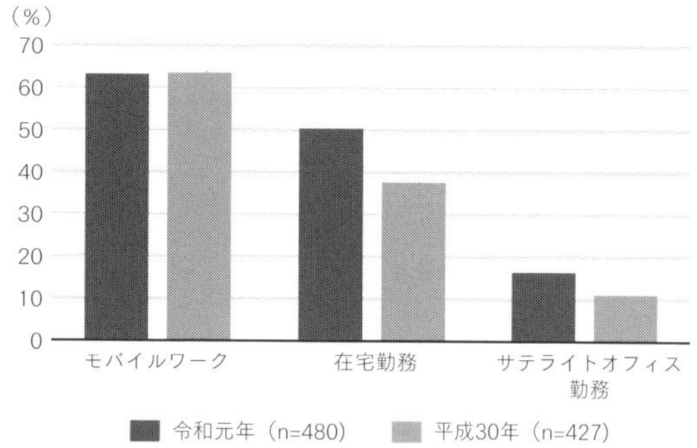

出典：総務省「令和元年通信利用動向調査」

図表0-4　テレワークの導入状況

●テレワークを利用する従業員の割合

・「5%未満」が47.6%と最も高い

●テレワークの導入目的

・「定型的業務の効率性（生産性）の向上」の割合が68.3%と最も高い。次いで「勤務者のワークライフバランスの向上」（46.9%），「勤務者の移動時間の短縮」（46.8%），「障害者，高齢者，介護・育児中の社員などへの対応」（27.9%），「非常時（地震，台風，大雪，新型インフルエンザなど）の事業継続に備えて」（26.0%）の順。

出典：同上

なっている。なお，テレワークを導入していない企業の，その理由については，「テレワークに適した仕事がないから」の割合が74.7％（前年は73.1％）と最も高い。

　また国土交通省が行っている「テレワーク人口実態調査結果」（2019年度）も参考になる▶3。これは2020年3月31日に発表されたものだが，調査自体はコロナ前（2019年10月18日から23日）のものである。その内容の概要は次頁のようになる（図表0-5）。なお，以下に出てくる「雇用型」とは，一般には，会社に雇用されているテレワーカー（テレワークをする人）のことを指すが，この調査では，公務員や会社以外の団体の職員も含んでいる。「自営型」とは，一般には，業務委託や業務請負などにより，会社員以外の形態で働く人たちであるが，この調査では，「自営業・自由業，及び家庭での内職を本業としていると回答した人」と定義されている（両者の区別は，第1章で詳しく論じる）。

　この国土交通省の調査からわかるのは，まずテレワーカーは，雇用型よりも自営型のほうが多いことである。つまり，会社員のテレワークは低調なのである。また業種別では，「情報通信業」「学術研究，専門・技術サービス業」が多く，偏りがある。さらに雇用型の場合，会社でテレワーク制度があることが，テレワークの広がりに大きく寄与しており，そして制度の導入割合は企業規模が大きいほうが高い。以上から，テレワークは，雇用型より自営型が多く，雇用面では特定の業種や地域において，大企業を中心に，きちんと制度を整えたうえで導入されている働き方であり，ただその数は限られているという実態が浮かび上がってくる。

テレワークの転機

　このようにテレワークの利用は低調であるが，これまでテレワー

図表 0-5　テレワークの実情

就業者における「テレワーク」という働き方を「知っていた」と回答した人の割合は 32.7％で，上昇傾向にある。
テレワーカーの割合は，雇用型就業者が 14.8％，自営型就業者が 20.5％。
雇用型テレワーカーの性年齢別構成割合は，「15 〜 29 歳」の男性（22.3％）と「30 〜 39 歳」の男性（23.3％）が相対的に高い。
雇用型・自営型を問わず，どの年齢においても女性テレワーカーの割合は，男性と比べ低い。
自営型テレワーカーの割合は，男性・女性ともに「15 〜 29 歳」が最も高い。
地域別では，雇用型・自営型ともに，相対的に首都圏が高く，地方都市圏で低い。
業種別でみると，雇用型では，「情報通信業」が最も高く 35.8％，次いで「学術研究，専門・技術サービス業」で 29.5％，他業種の割合で約 10 〜 20％となっており，「宿泊業・飲食業」が 5.4％と最も低い。
業種別でみると，自営型でも，「情報通信業」の割合が最も高く 50.4％，次いで「学術研究，専門・技術サービス業」で 32.7％，他業種で約 10 〜 20％台となっており，「医療，福祉」が 8.0％と最も低い。
雇用型における，企業規模別テレワーク制度等の導入割合をみると，1,000 人以上の従業員数の企業で，「制度が導入されている」と回答した人の割合が最も高い（32.0％）。
雇用型において，勤務先にテレワーク制度等が導入されていると回答した人の割合は 19.6％。また，制度等が導入されていると回答している人の方が，テレワーカーの割合が圧倒的に高い（約 8 倍）傾向にある。
非テレワーカーのうち，今後テレワークを「してみたいと思う」と回答した人の割合は 43.3％である。

出典：国土交通省（都市局都市政策課都市環境政策室）「平成 31 年度（令和元年度）テレワーク人口実態調査─調査結果の概要─」

クに関心が高まる出来事がなかったわけではない。それが，2011 年3月に起きた東日本大震災である。キーワードとなるのは「BCP」である。

　BCP（事業継続性計画：Business Continuity Plan）とは，政府文書では，「企業が自然災害，大火災，テロ攻撃などの緊急事態に遭遇した場

合において，事業資産の損害を最小限にとどめつつ，中核となる事業の継続あるいは早期復旧を可能とするために，平常時に行うべき活動や緊急時における事業継続のための方法，手段等を取り決めておく計画のこと」と定義されている（後述の2020年版の『世界最先端デジタル国家創造宣言・官民データ活用推進基本計画』の11頁注5）。

　東日本大震災の際は，首都圏での公共交通機関の運休時，計画停電の実施時などにおいて，テレワーク（在宅勤務等）は，円滑な業務実施・継続を可能とするなど，BCPの観点から大きな関心が寄せられた。

　また，このときには，テレワークは，節電対策としても有効であることが明らかになった。

　2019年11月に「テレワーク先駆者百選」として総務大臣賞を受賞した，IT企業のシックス・アパートは，東日本大震災後の夏の節電を乗り切るためにテレワークを導入し，それが好評であったので，2016年7月から仕事は基本的にテレワークでするというスタイルになった▶4。

　災害の多い日本では，BCPをしっかり立てている会社かどうかは，その将来性を大きく左右するものと言えるだろう。BCPの代表的な手法と言えるテレワークの体制を整備することは，会社にとって重要な経営戦略となるはずである。

② テレワークの政策

政府は推進派

　では，政府のほうは，テレワークに対して，どのような対応をしてきたのであろうか。例えば，東日本大震災から2年少し経過した2013年6月14日に閣議決定された「世界最先端IT国家創造宣言」

では，次のように書かれていた▶5。

　「若者や女性，高齢者，介護者，障がい者を始めとする個々人の事情や仕事の内容に応じて，クラウドなどのITサービスを活用し，外出先や自宅，さらには山間地域等を含む遠隔地など，場所にとらわれない就業を可能とし，多様で柔軟な働き方が選択できる社会を実現するとともに，テレワークを社会全体へと波及させる取組を進め，労働者のワーク・ライフ・バランスを実現する。

　このため，特に就業継続が困難となる子育て期の女性や育児に参加する男性，介護を行っている労働者などを対象に，週一回以上，終日在宅で就業する雇用型在宅型テレワークにおける，労働者にやさしいテレワーク推奨モデルを産業界と連携して支援し，2016年までにその本格的な構築・普及を図り，女性の社会進出や，少子高齢化社会における労働力の確保，男性の育児参加，仕事と介護の両立などを促進する。

　また，行政機関としても，引き続き，テレワークを推進するなど，ワークスタイルの変革を進めることが重要である。」（下線は筆者）。

　これをみると，「多様で柔軟な働き方が選択できる社会」の実現という流れのなかで，テレワークに大きな期待が寄せられていることがわかる。

働き方改革では脇役
　さらに，2012年に政権に復帰した安倍晋三内閣（当時）の看板政策として発表された「働き方改革実行計画」（2017年3月）には，「柔軟な働き方がしやすい環境整備」という政策課題があり，そこでは，

次のように書かれていた。

　「テレワークは，時間や空間の制約にとらわれることなく働く
ことができるため，子育て，介護と仕事の両立の手段となり，多
様な人材の能力発揮が可能となる。副業や兼業は，新たな技術の
開発，オープンイノベーションや起業の手段，そして第2の人生
の準備として有効である。我が国の場合，テレワークの利用者，
副業・兼業を認めている企業は，いまだ極めて少なく，その普及
を図っていくことは重要である。」

　もっとも，「働き方改革」の目玉とされ，ただちに法改正が行わ
れた長時間労働の是正や同一労働同一賃金と比べると，テレワーク
と副業・兼業は，注目度は低かったようにも思える。世間では，
「働き方改革」のプログラムに，テレワークが入っていることを知
らない人も多かったのではなかろうか。政府にとっても，ただちに
法改正が必要となるようなテーマではなく，国民へのアピール度も
大きくないと考えられたので，政策の優先度としては低く，その取
組は後回しになったのかもしれない。

　またテレワークを扱う官庁が複数にまたがって（総務省，国土交通
省，厚生労働省，経済産業省，内閣府），どの官庁が中心的に取り組む
べき政策かが明確でないことも，テレワーク政策がスムーズに進ん
でこなかった理由に挙げられるかもしれない。テレワークは，働き
方に関係するので厚生労働省の管轄のようだが，もともとICT（情
報通信技術）に関係する点で総務省の管轄とされることが多かった
（実際，幹事省は総務省である）。これに中小企業においてテレワーク
を導入して生産性を上げるといった産業政策の観点から経済産業省
が加わり，さらに都市問題や地方問題という国土交通政策という観

点から国土交通省も関わっている。「船頭多くして船山に登る」とまでは言わないが，船頭が多いことが，テレワーク政策の方向性をクリアに提示することの妨げとなったという推測は，あながち外れていないのではなかろうか。

霞ヶ関とテレワーク

より根本的な問題として，霞ヶ関の国家公務員のテレワーク化が進んでいないことも指摘しておく必要があろう。例えば，国会議員へのレクチャー（議員レク）については，いまなお対面型がほとんどのようであるが，このことが象徴するように，霞ヶ関ではオンラインで働く土壌が乏しいようである[6]。政府機関の地方移転がなかなか進まず，いつかは起こることが確実な大震災に備えた行政のBCPが十分でないのも，こうしたことが背景的要因としてあると思われる。政府が自分たちができないことややっていないことを，民間にやるように呼びかけても，説得力はないであろう。

こうしたなか，政府の取組としてテレワークが，比較的多くの関心を集めたのが，「テレワーク・デイズ」である[7]。東京オリンピックの開会式（当初の予定は2020年7月24日）に備えた予行演習として2017年から毎年行われてきた。これは開会式の日の混雑緩和という明確な目標があったので，企業のほうも，このイベントに参加協力をしやすかったようである。これを機にテレワークの良さが企業にも労働者にも理解されるようになれば，テレワークの普及のきっかけとなることが期待できた。

また2019年6月14日に閣議決定された『世界最先端デジタル国家創造宣言・官民データ活用推進基本計画』では，2020年に，テレワーク導入企業を平成24（2012）年度比で3倍，テレワーク制度等に基づく雇用型テレワーカーの割合を平成28（2018）年度比で倍

増にするという具体的な政府目標を設定していた。

新型コロナショックの影響

　こうしたなかで2020年に突然起こったのが，新型コロナウイル
ス感染症（COVID-19）である。その影響（新型コロナショック）によ
り，テレワークをせざるを得ない会社員が増加した。同年3月24
日に，東京オリンピック・パラリンピックの延期が決定されたが，
感染症対策として「ステイホーム」が推奨されることになったので，
全く予期せぬ形で新たな「テレワーク・デイズ」が始まることにな
った。

　安倍晋三首相（当時）も，同年4月7日の記者会見で，政府が特
別措置法（正式名称は，「新型インフルエンザ等対策特別措置法」）に基づ
き，緊急事態宣言を出すことを発表し，そのなかで，「これまでも
テレワークの実施などをお願いしてまいりましたが，社会機能を維
持するために必要な職種を除き，オフィスでの仕事は原則自宅で行
うようにしていただきたいと思います」として，テレワークを強く
呼びかけることになった▶8。

　総務省のHPでも，「新型コロナウイルスの感染拡大を防止する
ためには，『三つの密』を避けるなど，感染の危険性を減らすこと
が重要です。在宅での勤務が可能となるテレワークは，その有効な
対策の一つです。人と人との接触機会を減らす観点からも，テレ
ワークの積極的な活用をお願いします」と呼びかけた▶9。

　実際，新型コロナショック後は，テレワークをめぐる状況は大き
く変わった。東京商工会議所「テレワークの実施状況に関する緊急
アンケート」調査（2020年6月17日）の結果概要をみると，このこ
とがわかる▶10（図表0-6）。

図表 0-6　コロナ後のテレワークの実状

●テレワークの実施率（企業ベース）について
・テレワークの実施率は 67.3%（同年 3 月の調査時に比べ，41.3 ポイント増加）
・テレワーク実施企業のうち，52.7％は緊急事態宣言発令以降から実施
・従業員 30 人未満の実施率は 45.0％，300 人以上では 90.0％。従業員規模が大きくなるに従い，実施率は高い。
・業種別では小売業の実施率が 44.4％で，全業種で唯一「実施する予定はない」が「実施している」を上回った。
●テレワークの実施割合（従業員のうちテレワークを実施した者の割合）・実施頻度について
・緊急事態宣言以降，テレワーク実施人数が「最も多かった日の全社員に占める実施割合」について 　全体では「61 〜 80％」が 23.7％で最多 　「発令前より実施」では「81 〜 100％」が 30.1％で最多，「発令以降から実施」では「20％以下」が 26.2％で最多
・緊急事態宣言発令期間中，テレワークを実施していた社員のうちで，最も多く該当する実施頻度 　「週 5 日」が 34.5％で最多

出典：東京商工会議所「テレワークの実施状況に関する緊急アンケート」調査

現在のテレワーク政策

　2020 年 7 月 17 日に閣議決定された，新たな『世界最先端デジタル国家創造宣言・官民データ活用推進基本計画』は，「働き方改革（テレワーク）」という章を一つもうけて，テレワークに関する総合的な政策がまとめられている[11]。これが現時点（2021 年 3 月）での政府のテレワーク政策を知るうえでの最も新しい重要文書と思われる。少し長いが，全文を掲げておく。

　　「新型コロナウイルス感染症の拡大期において，緊急事態宣言下における外出・通勤の自粛や学校休業の結果，在宅勤務やテレ

ビ会議など，対面によらずに働くことが不可避な状況となった。こうした状況下において，テレワークの一層の活用を促進することが，足下の感染拡大の阻止や，感染拡大の防止と経済社会活動の維持の両立，さらには，今後発生し得る同様の緊急事態にあっても経済社会活動を維持し，成長を可能とするために求められている。また，緊急事態宣言下における国民・住民に対する行政機能の提供を維持する観点からも，企業のみならず国や地方公共団体におけるテレワークの利用環境整備が重要である。

　一方で，中小・小規模事業者や地方公共団体において，テレワークに係るノウハウ不足やコスト負担が，テレワークに必要なシステムの導入の障壁となっている。こうした障壁を含め，緊急事態宣言下で急遽テレワークに取り組んだ事業者等における具体的な課題に対応した取組を行っていくことが重要である。（中略）

　国の行政機関に関しては，テレワークに必要な機器や，ネットワークのキャパシティ等が，テレワークを原則的な働き方とする場面に対応しきれていないという課題があるほか，Web会議環境に関し，各府省庁において縦割りのLAN環境が構築されていることにより，府省庁間や，民間企業・地方公共団体とのWeb会議サービスの接続が困難となる状況が発生した。これらに対応するため，テレワークに必要な機器の増設やネットワークの増強など，各府省庁等におけるテレワーク環境の整備を促進するとともに，各府省，地方公共団体，民間事業者まで参加可能なウェブ会議を容易に開催できる環境を整備することで，大規模，長期間のテレワーク等が必要な場合でも，滞りなく業務を継続できるようにする。

　また，感染症等の影響によりテレワークの必要性が高まった際にも国の行政機関等の業務が円滑に進められるよう，国の行政機

関における情報システムのITリソースとそのセキュリティを確保するために，情報システム運用継続計画を見直していくことが重要である。

中長期的な対応として，テレワークの業務効率性を向上させる観点から，テレワークを実環境での勤務に近いものとするため，アバターなどの更なるテクノロジーの活用も有効であり，一部の企業や教育現場での活用も始まっているものの，そのテクノロジーの利用料金の高さが導入の障壁となっているとの指摘もあり，官民における導入促進に向けた課題の整理が必要である。」

この文書からわかるのは，政府が，テレワークの導入促進に向けて，ノウハウの提供，コストの低減，テクノロジーの活用など，利用環境の整備に力を入れようとしていることである。

自治体レベルでも，テレワーク導入企業に対する助成に積極的なところもある。例えば東京都では，公労使が連携して，「テレワーク東京ルール」を策定し，テレワークの普及推進に取り組んでいる[12]。

こうした政策的支援が重要であることは間違いないが，長年にわたるテレワーク停滞期のことを考えると，これで，テレワークが普及することになるとは，なかなか楽観できない。

40年の眠りから覚めるか

研究者のあいだでテレワークに注目が向けられたのは，決して最近のことではない。以下に紹介するのは，法政大学名誉教授の諏訪康雄氏が2003年に発表した「テレワークの導入をめぐる政策課題」という論考の冒頭の一節である[13]。

「新しい労働の方式としてテレワーク（telework）が登場してか

ら，はや4半世紀以上が経過した。日本で注目されるようになった1980年代初頭からでも20年以上が過ぎた。

　ところが，その普及はまことに遅々たる歩みである。なるほど，何らかの方式で情報機器を用いて働くことは通例化した。仕事場以外の自宅や通勤途上でeメールを読んだり，打ったりする程度のことは，かなり広く行われるようになった。だが，これが働き方として正面から位置づけられている様子はほとんどないし，通常の職場に出向かないまま，通常のオフィスワークを，通常のオフィス時間に，自宅などで定期的に行っている人はごく少ない。」

　そこで指摘されていた状況は，新型コロナショックでテレワークが広がるまでは，ほとんど変わっていなかった。2003年に論文が発表された時点で，テレワークの登場から4半世紀以上，日本で注目されてからも20年以上とされていたので，現時点で言えば，40年近く，テレワークはその可能性を指摘されながらも，普及してこなかったことになる。新型コロナショックは，テレワークに対して消極的であった企業・労働者の双方の重い腰を上げさせることに成功したが，これがそのままテレワークの定着につながるかは予断を許さない。どんなに政策的な支援をしても，テレワークが日本社会（企業，従業員，行政など）から受け入れられてこなかった原因にまでふみこまなければ，大きな変化は起こらないと予想されるからである。

③　テレワークはなぜ普及してこなかったか

テレワーク向きの仕事がない？

　前出の総務省の「通信利用動向調査」（2019年）によると，企業

がテレワークを導入していない理由，および，労働者がテレワーク未実施の理由として，次のようなものが挙げられている[14]（図表0-7）。

　この調査結果からわかるのは，テレワークに適した仕事がないと考える企業や，自分の仕事はテレワークに適していないと考える個人が多いことである。

　確かに，仕事のなかには，自宅やサテライトオフィスでやるのに適さないものもあるだろう。テレワークが普及しているのは，すでにみたような情報通信業関係，つまりIT系の企業においてであり，そこでは事業の性質上，テレワークがなじみやすいし，各社員の行っている業務内容も，パソコンを使った業務だけで完結するものが多いので，そういう業種であればテレワークをやりやすい面があるのは確かであろう。

　ただ，企業がいう「テレワークに適した仕事がないから」という

図表0-7　テレワークが広がらない理由

●企業がテレワークを導入していない理由
•「テレワークに適した仕事がないから」（74.7％）
•「情報漏えいが心配だから」（23.3％）
•「業務の進行が難しいから」（22.3％）
•「顧客等外部対応に支障があるから」（11.8％）
•「社内のコミュニケーションに支障があるから」（11.3％）
●テレワークが未実施である理由（個人への調査）
•「勤務先にテレワークできる制度がないため」（41.1％）
•「テレワークに適した仕事ではないため」（40.3％）
•「テレワークの実施に適切な情報通信システムがないため」（8.4％）

出典：総務省「令和元年通信利用動向調査」

理由や，労働者がいう「テレワークに適した仕事ではないため」という理由が，どこまでテレワークの導入の本質的な障害となっているかは，もう少し掘り下げて考えてみる必要がありそうである。

テレワークを阻む要因

　2020年9月に誕生した菅義偉政権は，「デジタル庁」の創設など，行政手続のデジタル化の推進を標榜している。行政機関だけでなく，日本社会は，全般的にデジタル技術の活用で遅れていると言われている。このことは，具体的には，文書は紙で作成され，正式なものには押印が必要とされていることが多く，隔地者とのやりとりではファックスが使われ，コミュニケーションのあり方は，対面型が中心というところに現れている。こうしたアナログ的なやり方を維持しているかぎり，テレワークを進めることは困難である。テレワークをやろうとしても，文書に押印が必要とされていると，それに関係する業務ではテレワークはスムーズにいかない（電子ファイルでは用事が済まない）。菅政権の看板政策の一つとして，河野太郎行政改革大臣が行政手続の押印（認め印）の義務づけの廃止を決定したが，これはテレワークに追い風となるであろう。ペーパーレスや押印廃止をはじめ，オンライン上で手続が完結できるようなシステムが整備されることが，テレワークの普及のための必要不可欠な前提である。

　もちろん，行政のデジタル化に合わせて，企業のほうもデジタル化に取り組んでいかなければ，テレワークの導入は進まない。上司が説明書類を紙で作成するように求めたり，電子メールは誤送信の心配があるという理由で，文書の送信は添付ファイルではなく，ファックスを使うように求めたり，ビデオ会議を使える環境にあるにもかかわらず，対面での会議を求めたりしているようでは，テレ

ワークの導入は難しくなる。企業側が「テレワークに適した仕事がないから」という理由を挙げるのは，テレワークができるような業務体制を導入していないことが原因であるかもしれない。そうした状況にあるかぎり，労働者側も「テレワークに適した仕事ではないため」という理由を挙げる状況に陥らざるを得なくなるであろう。

　もっとも，これまでやってきた仕事のやり方をあえて変えてまでテレワークを導入する必要があるのか，という意識は，企業にも，労働者にもあるかもしれない。そのような意識が強ければ，新型コロナウイルス感染症対策としてテレワークを導入しても，それは一時的なものにすぎず，事態が終息すれば，もとの働き方に戻そうとする動きが出てくるであろう。

みえてきた課題

　前出の国土交通省の「テレワーク人口実態調査」では，「新型コロナウイルス感染症対策におけるテレワーク実施実態調査」の結果も報告されている▶15。調査日は2020年3月9日から10日である。新型コロナウイルス感染症によりテレワークを余儀なくされた人が増えたことから，テレワークの様々な課題も浮かび上がってきた。

　同調査の結果を確認しておこう（なお，以下でいう「非テレワーカー」とは，「これまでICT等を活用して普段仕事を行う事業所・仕事場とは違う場所で仕事をしたことがないと回答した人」を指す）。まず，新型コロナウイルス感染症対策としての「テレワーク」活用についての認知度は90.0％であり，非常に高かった。

　調査対象期間中に感染症対策の一環としてテレワーク（在宅勤務）を実施した人の割合と勤務先からそのような指示・推奨があった人の割合は次頁のとおりである（図表0-8）。

　なお，もともとテレワーク（在宅勤務）を実施したことがなく，

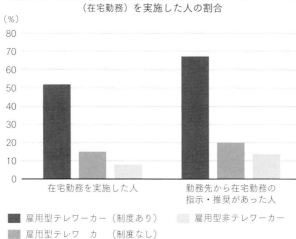

図表 0-8　調査対象期間中に感染症対策の一環としてテレワーク
（在宅勤務）を実施した人の割合

出典：国土交通省「平成 31 年度 テレワーク人口実態調査」

調査対象期間中に感染症対策の一環としてテレワーク（在宅勤務）
をはじめて実施した人は，5.2％だった。

　このほか，調査対象期間中に感染症対策の一環としてテレワーク
（在宅勤務）を実施して，何らかの問題があったとした人の割合は調
査サンプル全体のうち72.2％となっており，「はじめて実施」した
人や，「もともと実施したことはあったが，あらため実施」した人
では約8割と，「もともと実施してきており，通常通り実施した人」
の4割強と比べて非常に高かった。

　テレワーク（在宅勤務）を実施するうえでの問題点としては，「会
社でないと閲覧・参照できない資料やデータなどがあった」や，
「営業・取引先等，同僚・上司等との連絡や意思疎通」を挙げた人
が多かった。

　そして，この調査結果から，緊急時（感染症対策や大規模災害等）

においても経済活動を停滞させないための対策としてテレワークを実施する場合の重要ポイントが、「平時からの準備（テレワークに関する社内規程などの制度整備やペーパーレス化・クラウド化など仕事に必要な資料へのアクセス手段の確保等）」と「日頃からのテレワーク実施」であることがあらためて確認された、という分析結果が示された。

　この調査からみえてくるのは、テレワークをスムーズに行うためには、就業規則等の規程の整備、業務の際のペーパーレス化の進展、クラウドなどを活用した仕事に必要な資料へのアクセス手段の確保が必要で、そしてなによりも日常的にテレワークを経験しておくことが重要ということであろう。新しい働き方は、やってみなければ課題もみえてこないのである。

厚生労働省の資料からみたテレワークの課題

　厚生労働省は、2020年8月7日に「これからのテレワークでの働き方に関する検討会」（座長は、守島基博学習院大学教授・一橋大学名誉教授）を立ち上げている。その初回で提出された資料「テレワークを巡る現状について」（以下、厚労省資料）には、コロナ禍のテレワークについての基本的な情報が掲載されている[16]。以下、その内容もみておくことにする（図表0-9）。

　この資料が示しているテレワークの課題として、とくに注目されるのは、「社内でのコミュニケーションの難しさ」「公私の区別の難しさ」「テレワークをする環境の未整備」、そして「評価やキャリアへの不安」である。このうち「テレワークをする環境の未整備」は、少なくとも通信やネットワーク環境の整備について、政府も支援策を講じていることから、比較的解決しやすい課題であろう。一方、コミュニケーション、公私の区別、上司の評価といった課題は、そ

図表 0-9　テレワークの現状（厚労省資料）

❶テレワークの実施率（企業調査）

- 緊急事態宣言発令を挟んだ 2 回の調査を比較すると，テレワーク実施率は，従業員規模にかかわらず増加している。

- 従業員規模が大きくなるにつれ，テレワークの実施率も高くなる傾向にある。

- テレワーク実施率は業種によって差があり，小売業は低い。

❷テレワークの実施率（労働者調査）

- 緊急事態宣言発令後，正社員のテレワーク実施率は増加し，解除後は微減している。

- 企業規模が大きくなるにつれ，テレワーク経験がある人の割合は高くなる傾向にある。

- 業種別にみると，情報通信業や学術研究，専門・技術サービス業は高く，医療，介護，福祉は低い。

- 職種別にみると，コンサルタントや企画・マーケティング等は高く，販売職・医療系専門職・製造等は低い。

❸テレワークで感じた効果

- 労働者調査の結果を見ると，通勤時間がないため時間を有効活用できたり，ストレスが軽減される，オフィスよりも集中できる，無駄な会議が減るなどのメリットを感じる傾向にある。

- 企業調査の結果を見ると，働き方改革が進んだ，業務プロセスの見直しができた等の効果が挙げられている。

❹テレワークで感じた課題（コミュニケーション・仕事とプライベートの区別）

- 労働者調査では，社内でのコミュニケーションが不足するということがデメリットや課題として挙げられている。

- 労働者調査では，勤務時間とそれ以外の時間との区別がつけづらいということもデメリットや課題として挙げられている。

❺テレワークで感じた課題（労働時間）

- 労働時間は減る人の方が多いが，増える人もおり，2 極化している。

- 2020 年の 4 月以降のテレワークの際に，通常の勤務よりも長時間労働になることが「あった」と回答した者が約半数（労働省調査）。

- 2020年の4月以降のテレワークで残業代支払いの対象となる時間外・休日労働を行うことがあった者のうち，残業したにもかかわらず申告していないことが「あった」と回答した者が6割超，残業したにもかかわらず勤務先に認められないことが「あった」と回答した者が半数超いる（労働省調査）。

❻テレワークで感じた課題（環境整備・社内制度）

- テレワークの利用拡大が進むために必要と思うものについて，労働者調査では，社内の打合せや意思決定の仕方や，顧客や取引先との打合せや交渉の仕方の改善，書類のやりとりを電子化，ペーパーレス化，社内外の押印文化の見直しが必要との回答があった。

- テレワークを実施した際の課題について，企業調査では，ネットワーク環境の整備やPC等機器の確保，労働者調査では，機微な情報を扱い難いなどのセキュリティ面の不安や通信費の自己負担が発生などの回答があった。

- 企業調査では，労働者の自宅にインターネット環境が整備されていない，企業においてリモートで業務を行うためのシステム・ツールの導入が不十分などの理由から，在宅勤務ができない社員がいるケースがあるとの回答があった。

❼テレワークで感じた課題（心理面）

- テレワーク時には，上司から公平・公正に評価してもらえるか，成長できる仕事を割り振ってもらえるかなど，社内の評価・キャリアへの不安を感じるとの回答があった（労働省調査）。

- テレワーク環境下では，非対面のやりとりで相手の気持ちが分かりにくく不安，業務上の指示ややりとりに支障がある，会話が減って寂しさを感じる，といった課題を抱えているとの回答があった（労働省調査）。

出典：厚生労働省「テレワークを巡る現状について」

れほど簡単には解決できないかもしれない。公私の区別は，第1章において，プライバシーと関連して採り上げることにし，本章では，社内のコミュニケーションと上司の評価について考えてみたい。

４ テレワークを阻害する働き方・働かせ方

コミュニケーション

　厚生労働省の資料で指摘されていた，社内でのコミュニケーション不足という問題は，テレワークにおいては，どうしても避けられない課題のようにも思える。リモート環境では，隣の席の人と気軽に会話をするというようなことはできないし，業務に関する重要なやりとりで，細かいニュアンスが伝わらず誤解が生じるといったミスコミュニケーションなども起きてしまう。ただ，オンライン会議やグループチャットのような方法を使えば，こうしたコミュニケーションの問題点はかなり改善することができよう。むしろ，対面型の会議にありがちな無駄が排除されて，より効率的に議論ができるかもしれない（もっとも効率的すぎる会議が，ほんとうに良い会議かという問題はある）。実際，ZoomやTeamsなどを活用したオンライン会議は，いまや多くの会社で活用されている必須のコミュニケーションツールであろう。電子メールなどより，手軽に効率的なコミュニケーションをとれるSlackの利用も広がっているようである。

　それでもリモートでは，対面型とは，情報の質や量において差があるかもしれない。一般には，コミュニケーションとは，意見や感情などを，相手に伝えることと考えられているが，その目的は，情報を互いに共有することにある。仕事における情報の共有は，テレワークでなければ，直接，言語によって話しかけるだけでなく，表情やその場の雰囲気などによっても実現できる。ところが，これがテレワークになると，言語以外の要素で相手に伝えることは容易ではない。前述のオンライン会議を使うと，表情などは伝わるが，現時点では，やはり一定の限界があるし，いずれにせよ場の雰囲気な

どは伝わらない。とはいえ，コミュニケーションの目的が，情報の共有にあるのであれば，テレワークの場合には，それに適した情報の共有方法を考えていけばよいとも言えそうである。実際，すでにテレワークを導入している先進的な会社をみると，こうした課題を乗り越える様々な努力と工夫が試みられている。

言語化の重要性

　一般社団法人「At will work」が毎年実施している「Work Story Award2020」では，こうした工夫をしている会社の例が紹介されている[17]。

　ナラティブベースという会社は，クライアント会社の抱える様々な業務上の課題を，フリーランスで構成された「リモートチーム」を結成して解決するという事業を展開する会社だが，全員が自営型テレワークをするなかでどうしても生じてしまうミスコミュニケーション問題を解決するために，同社の本業でも使っている「ナラティブアプローチ（専門性を脇に置き，フラットな対話から相手の重要な背景を引き出し，解決策を探り出す手法［医療用語]）」を活用して，対話から情報を可視化・言語化し，構造化したうえで共有するシステムを作り出して，成功を収めている。言語でしか伝わらないことを前提に，その言語化の仕方を工夫するという発想と言えるであろう。このような具体的な成功事例の知見を広げていくことが，テレワークという新たな働き方がもたらす課題を乗り越えていくためには必要と思われる。

　また，ここまでシステマティックでなくても，テレワークで離れ離れになっている社員同士が会社の理念を共有することを目的とするコミュニケーションであれば，もっと単純な方法でも実現可能である。例えば，オンライン飲み会は，これを従来と同じ意味の飲み

会と考えるならば，物足りないものとなるが，社員同士の交流という目的だけであれば達成できそうである。そのほかにも，社内用YouTubeで，社員に次々と登場してもらってプレゼンをするということを定期的に行っている会社（ソニックガーデン），社員紹介ページをつくって，お互いのスキルややりたいことを伝え合うことをとおして，部活動のサークルをつくることを推奨する会社（ダイレクトソーシング），社内報を活用している会社（フジッコ）など，いろいろな情報共有方法が試されており，そこから成果も出ているようである。このようにみると，コミュニケーション問題は，どうしても超えられない壁というほどのものではなさそうである。

成果をどう評価するか

　上司と部下との間のコミュニケーションについては，テレワークにおいては，これまで以上に「ホウレンソウ（報告・連絡・相談）」を密に行うことで，その量を増やすと同時に質も改善していく必要がある。上司はリモートであっても，部下の勤務ぶりを監督する必要はあるので，日々の仕事の目標管理や進捗状況のチェックを，いっそう強化しようとするであろう。一方，部下としても，そうした形で上司が自分のことをみていてくれるほうが安心できるかもしれない。

　ただ，こうした管理の仕方は，テレワークという時間や場所の自由度が高い働き方には適合的であろうか。上司が部下を監督して仕事をやらせるという働き方であるかぎり，日々の仕事ぶりのチェックが必要となるが，それにはどうしても限界があるので，それだったら対面で仕事をしているほうがよいということになりそうである。もし上司が部下の成果をきちんとチェックし，それを評価につなげることができれば，部下は成果を出すためにはサボってはいられな

いから，上司は仕事の進捗状況などを細かくチェックする必要はな
くなるが，これはそう簡単なことではない。何を成果とみるかが明
確にされなければならないし，そのためには，何がその社員の職務
であるかも明確にされている必要があるからである。

ジョブが不明確な日本の正社員

　日本の会社では，採用の際に，社員の職務の内容を明確に特定し
てないことが多い。日本にいると，これは当然と思えるが，外国で
は，職務内容は，職務記述書（ジョブディスクリプション：job description）
によって明確にされている。人材の募集は，特定のポストに空きが
出たときの欠員補充という形で行われるので，どのような職務内容
のポストの人員を募集しているかを明確にする必要があるからであ
る。このため，会社は，原則として，職務記述書で書かれている内
容の職務しか命じられないし，給料も基本給は職務内容と連動して
いる（職務等級制，職務給など）。このような働き方を「ジョブ型」
雇用と呼ぶ。

　日本の会社の採用の多くは，中途採用の場合を除き，こうした欠
員補充型ではなく，新規学卒者を定期的に一括して「就社」させて，
会社の構成員にするというものである（独立行政法人労働政策研究・
研修機構の濱口桂一郎氏は，これを「ジョブ型」と対置して「メンバーシ
ップ型」と呼ぶ）▶18。

　日本の会社の社員に求められるのは，個人が特定の職務にのみ従
事して成果を上げることよりも，所属する部署やチームの成果に貢
献することである。事前に決まっていることだけをやるのではなく，
上司が，そのつど明示的に，あるいは暗黙に指示したことを遂行す
るのが，日本の会社での仕事のやり方である。自分はその専門とす
る仕事しかしないというようなプロ的な社員が次々と現れれば，日

本の会社の業務は回らなくなるであろう。

　みんなで協力し合って集団作業をするという日本の会社のスタイルは，同じ場所で働くからスムーズに回る面がある。どのように仕事を進めていくかについて不確実性が多く，事前に決めごとをすることが難しくても，それはその場での適宜の判断などで補うことができる。こうした柔軟性が日本の会社の組織の強みであった。だからこそ，日本の会社は，採用時において，こうした集団作業にフィットする素養（協調性，リーダーシップなど）を重視してきた。もっと言うと，日本の学校は，そうした素養を身につけるよう子どもを教育してきたのである。学校でも，自己主張の強い尖った子どもは，居場所を見つけづらくなる。それは会社に入ったあとも同じである。会社がそうだから教育がこうなっているのか，その逆かは，「鶏と卵のどちらが先か」問題と同じようなものだが，とにかく実態はこうである。

　ところがテレワークには，その場での適宜の判断というような曖昧なものを拒絶する効果がある。日本の会社でテレワークがなかなか受け入れられない理由の一つは，この点にあるのかもしれない。

日本型雇用システムの壁

　日本の会社は，特定の職種に従事させることを前提とせず，まずは未熟練であっても潜在的に優秀な能力をもつとみられる若者を早期に確保し，自らの手で育成していこうとしてきた。手塩にかけて育成した人材（「正社員」と呼ばれる）がしっかりと定着して，長期的に貢献するように，会社は，定年までの長期雇用を保障し，賃金も勤続年数に応じて上昇していく年功型として，長期勤続へのインセンティブを付与した。このような長期雇用（終身雇用と呼ばれることもある）と年功型処遇という特徴をもつ日本の会社の雇用管理の

仕方は，日本型雇用システムと呼ばれる。

　もちろん，このシステムでは，会社は，育成した正社員を十分に活用することが前提となっている。「いつでも，どこでも，何でもやる」という日本の会社の正社員の特徴は，ここから生まれてくる。法的にも，残業，転勤，配置に関して会社がもつ人事権は，その濫用的な行使に至らないかぎり，広く認められてきた。

　「ジョブ型」は，こうした会社の広い人事権を制限する意味をもっており，日本型雇用システムのカルチャーに合わないものと言える。このことが職務に基づき成果を評価することを難しくし，ひいてはテレワーク導入の障害になっているように思われる。

　では，日本の会社は，日本型雇用を乗り越えて，ジョブ型を導入することはできないのであろうか。日本の会社ではジョブ型は無理だと考えられていたが，もしそうならば，新型コロナショックが終息すると，テレワークも終了し，元の勤務体制に戻ってしまうことになろう。

デジタルトランスフォーメーションの影響

　しかし，おそらくそうはならないであろう。一つの鍵となる概念が，デジタル技術が社会のすみずみまで浸透し，それが活用されていくことを意味するデジタルトランスフォーメーション（DX），すなわちデジタル変革である。総務省の2018年の情報通信白書には，次のような記述がある▶19。

　　「現在は，……『ICTの浸透が人々の生活をあらゆる面でより良い方向に変化させるデジタルトランスフォーメーション（Digital Transformation）』が進みつつある時代にあるといえる。この変化は段階を経て社会に浸透し，大きな影響を及ぼすこととな

る。まず，インフラ，制度，組織，生産方法など従来の社会・経済システムに，AI，IoTなどのICTが導入される。次に，社会・経済システムはそれらICTを活用できるように変革される。さらに，ICTの能力を最大限に引き出すことのできる新たな社会・経済システムが誕生することになろう。」

　DXについては，またあとで論じるので，ここではDXが進み，社内の業務に，AI（人工知能）やRPA（Robotic Process Automation）などのデジタル技術が取り入れられていくと，どうなるかだけを簡単にみておきたい。
　日本の会社は，これまでは長期雇用を前提としている正社員には，技術革新が起きたときに備えてそれに対応するスキルを習得できるように，教育訓練を実施して，戦力として長く活用し続けられるようにし，どうしても正社員ではまかなえない専門性の高いスキルは，派遣労働者などの外部人材を活用して対処してきた。ところが，現在のDXは，技術革新のインパクトが人間と機械との間での業務の仕分けにつながっているところに特徴がある。すなわち，会社は，いまいる社員にさせている業務を分析して，機械にさせたほうがコスト面も含めて効率的な場合には，機械化を進めていく（業務のスマート化）。その過程で，これまで集団作業に埋もれて曖昧だった社員一人ひとりの仕事の内容が明確化されていく。こうして，機械に任せることはできず，人間がやるべき仕事の内容は具体的に特定されていくことになる。これは，まさに「ジョブ型」への移行を意味する。デジタル技術を活用したビジネスモデルが広がると，社員の従事する職務内容も，ICTを活用したものに変わっていく。このようにICTを活用した業務体制が広がり，「ジョブ型」雇用が進むと，テレワークが広がる基盤が整うことになる。

これまでの日本の会社では，この基盤が整っていなかったのである。とくにDXの流れに乗り遅れていたことが問題である。DXが進むと，日本型雇用システムを維持することは困難であり，ジョブ型への移行も不可避となる。

経団連の立場からみる日本型雇用システムの変容

　会社側のスタンスも，大きく変わりつつある。一般社団法人日本経済団体連合会（経団連）の「2020年版 経営労働政策特別委員会報告―Society 5.0時代を切り拓くエンゲージメントと価値創造力の向上」をみると，「メンバーシップ型社員の採用育成を中心とした日本型雇用システムには様々なメリットがある一方で，経営環境の変化などに伴い，課題も顕在化してきている」としたうえで，具体的な課題を掲げている[20]（図表0-10）。

　そして，こうした課題を含め「各企業が自社の置かれている現状と見通しに基づき，まずは，『メンバーシップ型社員』を中心に据えながら，『ジョブ型社員』が一層活躍できるような複線型の制度を構築・拡充していくことが，今後の方向性となろう」としている。

　このように，経団連は，ジョブ型の雇用を増やしていく姿勢を鮮明にしている。新型コロナショックは，それを後押しすることになるであろう。ジョブ型雇用が増えていくと，日本人の働き方，また日本の会社の働かせ方は，根本的に変わることになる。テレワークにとっての阻害要因と思われたコミュニケーションや評価にかかわる問題は，働き方・働かせ方の変化により，それほど深刻なものではなくなる可能性が高いであろう。

図表 0-10　日本型雇用システムの課題（経団連）

❶ 多くの企業が新卒一括採用を重視する中で，相対的に中途採用が抑制されてきたことが，雇用環境の厳しい時期に希望する職に就けなかった者の再チャレンジを困難にして，就職氷河期世代を生み出したこと

❷ 自社に適した人材育成を目的とした社内の施策では，社外でも通用するエンプロイアビリティ（雇用されうる能力）が高い社員は育成されにくく，その結果，労働市場の流動化を阻害し，外部労働市場が十分に発達せず，ジョブ型雇用が拡がらない要因となったこと

❸ 年功型処遇の制度設計が，同じ企業で働き続けることの誘因となっている反面，転職を含めたキャリア形成を検討する際の阻害要因となっている可能性があること

❹ 抽象的な評価基準や被考課者の人物評価などによって実質的に年功的運用に陥っているケースが多い職能給が，社外からの人材の採用を妨げていること

❺ 現状の雇用システムのままでは，企業としての魅力を充分に示すことができず，意欲があり優秀な若年層，高度人材，海外人材などの獲得が難しくなるばかりか，海外への人材流出リスクが非常に高まっていること

❻ 自ら職能やスキルを磨き，人的ネットワークを広げ，イノベーティブで付加価値の高い仕事を遂行でき成果を上げられる人材が，画一的な人材育成施策や年功型賃金によって自分自身の成長と活躍の機会が失われていると感じ，エンゲージメントを低下させている可能性があること

＊❻に出てくる「エンゲージメント」とは，「働き手にとって組織目標の達成と自らの成長の方向が一致し，仕事へのやりがい・働きがいを感じる中で，組織や仕事に主体的に貢献する意欲や姿勢を表す概念」と定義されている。

出典：一般社団法人日本経済団体連合会「2020 年版 経営労働政策特別委員会報告」

▶参考資料

1　一般社団法人日本テレワーク協会の HP：https://japan-telework.or.jp/

2　総務省「令和元年通信利用動向調査」（2019 年 9 月末）：https://www.soumu.go.jp/johotsusintokei/statistics/data/200529_1.pdf

3　国土交通省（都市局都市政策課都市環境政策室）「平成 31 年度（令和元年度）テレワーク人口実態調査―調査結果の概要―」（令和 2 年 3 月）：https://www.mlit.go.jp/toshi/daisei/content/001338545.pdf　なお，令和 2 年版の調査結果は，令和 3 年 3 月に発表されている：https://www.mlit.go.jp/report/press/content/001391075.pdf

4 「シックス・アパート」についての紹介記事（日本経済新聞電子版2020年3月2日）：https://style.nikkei.com/article/DGXMZO55940000R20C20A2000000?channel=DF160520172513

5 政府の「世界最先端IT国家創造宣言」（2013年6月14日）：https://www.kantei.go.jp/jp/singi/it2/pdf/it_kokkasouzousengen.pdf

6 「省庁の長時間労働，規制改革相が調査　オンライン化促す」（日本経済新聞電子版2020年11月1日）：https://www.nikkei.com/article/DGXMZO65719600R31C20A0EA3000/

7 テレワーク・デイズの紹介：https://teleworkdays.jp/

8 新型コロナウイルス感染症に関する安倍内閣総理大臣記者会見（2020年4月7日）：https://www.kantei.go.jp/jp/98_abe/statement/2020/0407kaiken.html

9 総務省「新型コロナウイルス感染症対策としてのテレワークの積極的な活用について」：https://www.soumu.go.jp/main_sosiki/joho_tsusin/telework/02ryutsu02_04000341.html

10 東京商工会議所「テレワークの実施状況に関する緊急アンケート」調査（2020年6月17日）：https://www.tokyo-cci.or.jp/page.jsp?id=1022366

11 『世界最先端デジタル国家創造宣言・官民データ活用推進基本計画』（2020年7月17日）：https://www.kantei.go.jp/jp/singi/it2/kettei/pdf/20200717/siryou1.pdf

12 TOKYOはたらくネット「テレワーク活用に向けた支援」（東京都）：https://www.hataraku.metro.tokyo.lg.jp/hatarakikata/telework/rule/

13 諏訪康雄『雇用政策とキャリア権——キャリア法学への模索』（弘文堂，2017年）に所収（初出は2003年）

14 前掲2

15 前掲3

16 厚生労働省「テレワークを巡る現状について」（2020年8月17日）：https://www.mhlw.go.jp/content/11911500/000662173.pdf

17 Work Story Award2020：https://award.atwill.work/（内容は今後補充される予定）

18 濱口桂一郎『日本の雇用と労働法』（日本経済新聞出版社，2011年）

19 総務省『情報通信白書』（2018年）：https://www.soumu.go.jp/johotsusintokei/whitepaper/ja/h30/html/nd102200.html

20 一般社団法人日本経済団体連合会「2020年版 経営労働政策特別委員会報告——Society 5.0時代を切り拓くエンゲージメントと価値創造力の向上」（2020年）

第1章

働く側からみたテレワーク

1 雇用型テレワークの魅力

雇用と自営

　テレワークには，序章でも出てきたように，雇用型テレワークと自営型（非雇用型）テレワークとがある。前者は，会社員が行うテレワークであり，会社との契約形式が雇用契約（労働契約）であるので，そのように呼ばれている。後者は，フリーランスなどの自営業者が行うテレワークである。業務委託契約や業務請負契約などの契約（法的には，請負契約や準委任契約）を結んで注文を受けて働く。明智書店でも，Aくんら編集者が行っているテレワークは雇用型テレワークであるが，校閲作業をしてくれているB子さんは元編集者で，出産を機に退社して，その後はフリーランスとして出社しないで働いているので，自営型テレワークに分類される。

　本書でも後ほど扱うように（⇒**第3章**），これからの時代は自営型テレワークが増えていくと予想されるが，コロナ禍のなかで，現在注目されているのは，Aくんらのやるような雇用型テレワークのほうである。

　ところで，雇用と自営の最も大きな違いは，前者には，労働法が適用されて，後者には適用されないことにある。雇用契約で働く人（すなわち，労働者）には，労働基準法，最低賃金法，労災保険法な

どの労働保護法規が適用される（労働法は，こうした労働保護法規を総称したもので，労働法という名の法律があるわけではない）。どうしてそのような違いが生じるかというと，両者の働き方には，次のような本質的な違いがあるからである。

　まず雇用とは，労働に従事し，その労働に対して報酬を受けるという働き方である。どのような労働に従事するかについては，相手方（使用者）の指示に従うことになる。相手方の指示どおりに仕事したことに対して，給料が支払われるのが雇用なのである。

　一方，自営での働き方は多様であるが，その典型例である請負をみると，それは，請け負った仕事を完成させて，その結果（成果）に対して報酬を受ける働き方である。この契約で重要なのは，仕事を完成させることである。どのような仕事をするかは，発注者との契約であらかじめ決まっているが，それをどのように完成させるかは，働き手が自分で決めることができる。報酬は結果に対して支払われるのであり，どんなに時間をかけて仕事をしても，仕事が完成せず，結果を出すことができなければ，報酬はもらえない。この点が，指示どおりに労働に従事していれば報酬がもらえる雇用とは違う。

図表 1-1　雇用と請負の違い

雇用
・指揮命令を受けて労働に従事し，それに対して報酬が支払われる
・労働法の適用あり⇐「従属性」に着目

請負
・自己の裁量で労働に従事し，その結果に対して報酬が支払われる
・労働法の適用なし（一部例外あり）

このようにみると，結果を出さなければ報酬をもらえない請負の
ほうが，働き手には厳しいようにもみえる。それなのに労働法が雇
用にだけ適用されて，請負には適用されないのは，雇用には，仕事
をしている間，すべて相手の指示どおりにしなければならないとい
う「従属的な」状況があるからである（図表1-1）。

雇用で働くとはどういうことか

　雇用において，相手の指示どおりに働くというのは，具体的にみ
ると，それは「いつ，どこで，なにを，どのように」するかについ
て，相手（使用者）の指揮命令を受けるということである。「いつ，
どこで」という面での指揮命令は，「時間的・場所的な拘束性」と
言われ，「なにを，どのように」という面での指揮命令は，「業務遂
行上の指揮監督」と言われることもある。

　雇用で働く人は，こうした指揮命令を受けているので，仕事をし
ている間は，自分の「自由」がないことになる。もちろん，現代の
会社員をみると，とくに事務・管理系の仕事であれば，仕事のやり
方に，ある程度の裁量がある場合もある。Ａくんだって，会社の指
示にがんじがらめに縛られて働いているわけではない。明智書店で
は導入されていないが，Ａくんのような編集業務に従事する者には，
「裁量労働制」という特別な労働時間の制度を適用されることもあ
る（「専門業務型裁量労働制」という。このほかに企画・立案・調査・分析
に従事する社員に適用可能な「企画業務型裁量労働制」もある）[1]。「裁
量」という言葉からわかるように，法律も雇用で働く会社員が裁量
をもって働くことは認めているのである。しかし，会社が仕事を進
める手段や方法や時間配分などについて具体的な指示をしていない
としても，「どこで，なにを」しなければならないかは，会社によ
り指示されているはずである。ましてや，多くの普通の会社員は，

こうした裁量はほとんど認められずに働いている。

　さらに，他人の指揮命令下で働くと，どうしてもその他人（経営者や上司ら）との間に上下関係（支配従属関係）が生じる。それにより，肉体的にも，精神的にも，つらいことが出てくることもあるだろう。だからこそ，このような働き方は，労働法によって保護すべきとされてきたのである。例えば，労働法における古くからある規制として，労働時間の上限規制がある。現在の法律では，原則は1日8時間，1週で40時間である。例外的にそれを超えて働かせることができる場合でも，上限は1か月で100時間，1年で720時間などとなっている。労働時間とは，「労働者が使用者の指揮命令下に置かれている時間」である。労働者の苦悩の根源である「指揮命令下に置かれている時間」（それは自由を奪われている時間である）をできるだけ短くしようというのは労働法の最も重要な目的の一つなのである。

労働者とは誰か

　ちなみに，フリーランスとして企業と契約して働いている者であっても，法的には労働者として扱われることはありうる。労働法が適用される労働者であるかは，就労の実態に着目して，裁判所が次頁に掲げる要素（図表1-2）に基づき判断するものだからである▶2。

　裁判になれば，これらの要素に該当する事実の有無などを総合的に考慮して，労働者かどうかが判断されるが，とくに重要なのが，「指揮監督下の労働」であるかどうかである。校閲担当のフリーランスのB子さんは，明智書店との間で，「仕事の依頼，業務従事の指示等に対する諾否の自由」があるし，「業務遂行上の指揮監督」は受けていないし，納期はあるものの，日々の仕事について，時間的ないし場所的な拘束性はないし，仕事を完成さえすることができ

図表 1-2　労働基準法上の労働者性の判断基準

❶「使用従属性」に関する判断基準

- (1)「指揮監督下の労働」であるか
  - イ 仕事の依頼，業務従事の指示等に対する諾否の自由の有無
  - ロ 業務遂行上の指揮監督の有無
  - ハ 拘束性の有無
  - ニ 代替性の有無
- (2) 報酬が一定の時間の労務提供に対する対価といえるか

❷「労働者性」の判断を補強する要素

- (1) 事業者性の有無
  - イ 機械，器具の負担関係
  - ロ 報酬の額
- (2) 専属性の程度

❸その他の判断要素

- ①採用，委託等の際の選考過程が正規従業員の採用の場合とほとんど同様であること
- ②報酬について給与所得としての源泉徴収を行っていること
- ③労働保険の適用対象としていること
- ④服務規律を適用していること
- ⑤退職金制度，福利厚生を適用していること

出典：労働基準法研究会報告『労働基準法の「労働者」の判断基準について』を基に作成

れば，他人の手を借りたり，あるいは他人に任せてしまったり（下請け）してもよいので「代替性」があることなどから，総合的にみて「指揮監督下の労働」をしているとは評価されないので，労働者に該当せず，労働法の適用を受けないことになるであろう。

通勤不要のテレワーク

　雇用型テレワークでも，指揮命令を受けて働くという雇用の本質に変わりはない。「なにを，どのように」するかという「業務遂行上の指揮監督」は受けるし，「いつ，どこで」働くかについて「時

間的・場所的拘束性」を全く受けないわけではない。だから労働者として、労働法の適用を受けて保護されることにもなる。しかし、指揮命令の程度をみると、テレワークは、通常の働き方と大きく違うことも明らかであろう。

とりわけ、テレワークの特徴が「場所や時間にとらわれない柔軟な働き方」とされていることからもわかるように（⇒序章）、テレワークでは、雇用にともなう「時間的・場所的拘束性」が大きく軽減されることになる。

私たちのなかには、働くとは、きちんと職場に出勤して行うべきものだという固定観念がある。都市部では「通勤地獄」という言葉を耳にすることもあるが、せいぜいフレックスタイム制（始業時刻や終業時刻を労働者のほうで決めることができる制度）や時差出勤制を導入して対処する程度であり、通勤それ自体を見直そうとする動きはなかった。

そもそも通勤は、産業革命により、大規模な工場がその立地条件にあったところに建設されるようになり、それまでの職住一体（農民と農地、家内での手工業など）が崩壊してから起きたことである。それ以降、労働者は通勤という苦行に苦しめられ、それが徐々に働くことに本質的なものと捉えられるようになったのである。

在宅勤務のテレワークは、こうした近代における労働の仕方を根本的に変えることになる。職場が自宅となることにより、会社に移動させられるということがなくなる。これは雇用に必然とされてきた場所的拘束性を大きく軽減する。通勤時間を省略でき、その時間を自分の時間にあてることができる。その意味で時間的拘束性も減少する。さらに通勤にともなう疲労やストレスがなくなることは、健康面にも良いであろう。私たちは、知らぬうちに「押し屋」によって満員電車に押し込まれながら通勤することに無感覚になってし

まっているが，その状況を冷静に観察すると，非人間的で，おぞましい光景である。朝の通勤のときからこうであれば，尊厳ある働き方はとてもできないであろう。

　会社にとっても，社員が健康に働いて生産性を上げることができるのであれば，それは望ましいことであろう。さらに社員が出勤しないのならば，オフィスは不要であるとして，解約してしまう会社も出てきている▶3。オフィスは必要であるとしても，テレワークであるならば，家賃が高い都心である必要はないとして，地方に移転させる会社もある。最近では，ワーケーション（「ワーク」と「バケーション」の造語）のように，リゾート地など個人がリラックスできる場所でテレワークをするというスタイルも注目されている。環境省も，この動きに乗って，全国34か所にある国立公園でのワーケーションを推進しようとしている▶4。ワーケーションは，苦境に立たされている旅行・観光産業の新たなビジネスチャンスとしても注目されているし，地方創生の意味もある。さらに，政府は2021年度から，テレワークで東京の仕事を続けつつ地方に移住した人に最大100万円を交付する。日本経済新聞の記事によると，「新型コロナの感染拡大によって暮らしや働き方に変化が生じ，企業のオフィスに行かず自宅からテレワークする人も増えた。東京一極集中の課題も浮き彫りになり，勤務先や仕事は変えず住居を地方に移す人を財政面で支える」とされている▶5。テレワークができるなら，地方に住んで豊かな自然のなかで育児をしたいと考える人も多いであろう。コロナ禍において，こうした動きは広がりつつある。

ハラスメントフリー

　前述のように，雇用においては，どうしても経営者や上司との間の上下関係が生まれやすく，それが，ハラスメントの生まれる土壌

図表 1-3　職場における 4 つのハラスメント

セクシャル ハラスメント	マタニティ ハラスメント	育児介護 ハラスメント	パワー ハラスメント
職場において行われる性的な言動に対するその雇用する労働者の対応により当該労働者がその労働条件につき不利益を受け，または当該性的な言動により当該労働者の就業環境が害されること	職場における妊娠，出産等に関する言動により当該女性労働者の就業環境が害されること	職場における育児休業，介護休業等に関する言動により当該労働者の就業環境が害されること	職場において行われる優越的な関係を背景とした言動であって，業務上必要かつ相当な範囲を超えたものによりその雇用する労働者の就業環境が害されること

になる。テレワークの効用は，こうしたハラスメントがなされる機会を減らすことが期待できることにもある。

　ハラスメントについては，現行法では，セクシュアルハラスメント，マタニティハラスメント，育児介護ハラスメント，パワーハラスメントの4つが規制の対象となっている（図表1-3）（現実には，このほかにも，アルコールハラスメント，シルバーハラスメント，テクノロジーハラスメントなど多様なハラスメントがある）。

　法律はハラスメントを直接規制するのではなく，事業主に対して，職場のハラスメントについて雇用管理上必要な措置を講じることを義務づけるにとどまる。社員によるハラスメントは，第一義的には，その加害者である社員本人が責任を負うべきなのであり，法律の一般の規定により損害賠償責任を負ったり，ひどい場合には刑事責任を負ったりするが，それに加えて，事業主にも責任を負わせることとしているのである。

　上記の4つのハラスメントのうち，最も新しく法律で規制された

のが，2020年6月1日から改正法が施行されているパワーハラスメントに関するものである。具体的には，次の6つの行為がこれに該当する（パワハラ指針による）▶6（図表1-4）。

　テレワークだと，少なくとも接触系のハラスメントの危険はなくなる。下記のパワーハラスメントの類型でいうと，少なくとも①の類型（身体的な攻撃）はなくなるであろう。セクシュアルハラスメントでも，わいせつ行為などの身体型セクハラの危険はなくなる。セクハラ的な勧誘も，メールでやれば証拠に残るので，やりにくくなるだろう。

　ついでに言うと，（最近ではコロナ対策でも話題の）社会的距離をと

図表1-4　パワハラの類型

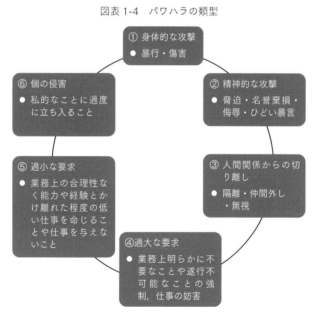

① 身体的な攻撃
● 暴行・傷害

② 精神的な攻撃
● 脅迫・名誉棄損・侮辱・ひどい暴言

③ 人間関係からの切り離し
● 隔離・仲間外し・無視

④過大な要求
● 業務上明らかに不要なことや遂行不可能なことの強制，仕事の妨害

⑤ 過小な要求
● 業務上の合理性なく能力や経験とかけ離れた程度の低い仕事を命じることや仕事を与えないこと

⑥ 個の侵害
● 私的なことに過度に立ち入ること

出典：事業主が職場における優越的な関係を背景とした言動に起因する問題に関して雇用管理上講ずべき措置等についての指針（パワハラ指針）

らず妙に身近に迫って話しかけてきたり，（フレンドリーな感じを示したいのかもしれないが）すぐに身体を触ってきたりする上司とか，香水やタバコ臭などの匂いがどうも相容れない同僚とかに悩まされることもなくなる（スメハラ問題）。会社員なら耐えなければならないとあきらめていた迷惑行為から解放されることになる。もっとも，テレワークにかかわるハラスメントとして，新たに「テレワーク・ハラスメント」（テレハラ）あるいは「リモート・ハラスメント」（リモハラ）と呼ばれるものも出てきているので要注意である[7]。

良いとこ取りの働き方？

　テレワークの効用は，その他にもある。とくに在宅勤務型のテレワークの良さは，仕事をする環境を自分の好きなようなスタイルに変えられることである。取引先の打ち合わせのような場合を除くと，服装は楽なスタイルでよいし，エアコンは自分の体調に合わせた設定ができる。オンライン会議がない時間帯なら，気分に合わせて好きな音楽を流しながら仕事ができる。お気に入りの絵やポスターに囲まれることもできる。好みの豆で淹れたコーヒーを飲みながら，休憩もできる。アイデアが煮詰まれば，楽器好きなら軽くギターを弾くなんていうのも気分転換になるだろう。化粧をしなくても，しているようにみせるアプリも開発されていて，助かる人も多いであろう[8]。

　自分にとって一番仕事がしやすい就労環境を知っているのは，普通は自分自身である。自宅なら，そういう環境をつくりやすい。他人がいる職場では，なかなかそうはいかない。

　このようにみると，雇用型テレワークとは，労働法によって守られているだけでなく，雇用で働くことに必然的にともなうとされてきた自由の制約状況（前述の「業務遂行上の指揮監督」や「時間的・場

所的拘束性」）が大きく軽減されている点で，良いとこ取りの働き方であるとも言える。

② 監視とプライバシー

テレワークと監視

「業務遂行上の指揮監督」が希薄となるのは，社員にとってはテレワークの大きな魅力となるが，逆に上司にとっては，部下を十分に監督できないという不満につながる。序章でもふれたように，社員の評価を必ずしも成果と連動させていない従来の日本型雇用システムでは，上司の仕事として，部下の仕事のプロセスを監視すること（モニタリング）がどうしても必要となる。いくら日本人が仕事熱心な国民だといっても，監視が緩ければサボる者は必ず出てくる。普通の職場であれば，上司や同僚の目があるが，テレワークとなると，どうしても監視が甘くなる。部下がどの程度のやる気をもって仕事をしているかよくわからないと，上司は疑心暗鬼になるであろう。逆に，部下のほうからも，上司がきちんとみてくれているかわからないと，公正に評価されていないのではないかという不安をもつようになり，そうなると，仕事のパフォーマンスに影響してしまうであろう。このような悪い連鎖が起きると，会社にとっては，テレワークをあえて導入する意味がなくなりかねない。

　ただ，翻って考えてみると，そもそも監視してやらせるような仕事は，テレワークには向かないとも言える。監視してやらせるのは，経営者が，社員を自分の手足のように動かしてやらせるのと同じことであり，そういう仕事は，本来，ロボットにさせるべき仕事だからである。デジタル技術が進んでいくと，AIやロボットができるような仕事はどんどんなくなっていき，人間に残されるのは知的創

造性が求められる仕事となる。これは，上司が監視してやらせるようなものではない。こうした仕事であれば，その評価も，プロセスをみるのではなく，成果をみて判断するようになるだろう。この点は，後でもまたふれることになるが，いずれにせよ，監視が難しいことが，テレワークにとって致命的な問題点であるとは言えない。

テクノロジーの活用

　それにかりに監視が必要であるとしても，最新のテクノロジーを活用して，テレワークにあった監視の方法を考えることは可能である。

　例えば，パソコンとインターネットが接続する状態での仕事であれば，キーボードをセンサーとして利用して，社員のリアルデータを収集し，仕事への集中度をAI（人工知能）で分析するというようなことができる。これにより，客観的に認識できる行為だけでなく，社員の内心の状況まで把握することができる。これは，最近よく耳にする，あらゆるモノがインターネットでつながるIoT（Internet of Things）の応用事例の一つでもある。

　こうした技術を進んで活用すべき分野もある。例えば，長距離区間を多くの客を乗せて走るバスの運転手は，勤務中は精神的に集中する必要がある。ただ，運転手も人間である以上，どんなに集中しようとしても限界があり，その一瞬の気の緩みが大事故に至ることがある。それを回避するためにも，車内に搭載したカメラから常時送られてくる本人の表情に関するデータをAIで分析して眠気を察知したり，車外のカメラから得られる車の運行状況のデータをAIで分析して異常を察知したりする技術は，積極的に活用することが推奨されるのである（将来的には，自動運転技術によって，人間の手を介さない運転という方向に行くだろう）▶9。

デジタル技術は，人間では捉えられないものを数量化して把握できるようにする。こうした方法は，一般の社員に対しても利用できるものである。前述のような危険業務に従事する人間の集中力のチェックだけでなく，一般的な健康管理や通常の仕事の集中度の測定にも活用できるのであり，そのようにみると，最新技術を使えば，テレワークだから監視が難しいとは言えないことになる。

人間の目と機械の目

　企業からみた完璧な監視の方法は，パソコンに設置されたカメラやセンサーにより，リモートで常時監視することである▶10。リアル職場でも，上司や同僚の目があって，常時監視されているようなものだから，それと同じだと言えなくもないが，職場での常時監視は，「監視されうる状態に常時いる」にすぎないのに対して，テレワークでのパソコン作業のときは，機械がまさに常時監視している。この違いは大きい。

　コンビニで万引きがあっても犯人がわかるのは，店員が見ていなくても，監視カメラが見てくれているからである。そしてカメラが見ているという威嚇効果が犯罪を抑止することにつながる。こういうカメラの使い方なら，それほど文句は出てこないであろう。街中に監視カメラが設置されるとなると，多少悩ましいが，犯罪抑止のためと言われたら納得する人は少なくないであろう。だからといって，テレワークのときに，監視カメラがずっと見ていて，その威嚇効果でサボり防止になると言われると，それは話は違うと言い返したくなるかもしれない。

　サボりと犯罪は次元が異なることだし，そもそもサボりとは何なのかははっきりしない。かつての最高裁判決には，次のように述べたものがある。

1977年の電電公社目黒電報電話局事件の最高裁判決

公社法34条2項は「職員は，全力を挙げてその職務の遂行に専念しなければならない」旨を規定しているのであるが，これは職員がその勤務時間及び職務上の注意力のすべてをその職務遂行のために用い職務にのみ従事しなければならないことを意味するものであり，右規定の違反が成立するためには現実に職務の遂行が阻害されるなど実害の発生を必ずしも要件とするものではないと解すべきである。（下線は筆者）

　これは当時の日本電信電話公社（NTTの前身）において，判決文がいう公社法（正式には，日本電信電話公社法）が定める「職務専念義務」の解釈として示されたものだが，下線部に述べたような義務であると解すと，少しでも仕事に関係しないことをしていれば，サボっていることになりかねない。しかし，職務専念義務については，これと異なることをいう裁判官もいる。

1982年の大成観光事件の最高裁判決の伊藤正己裁判官の補足意見

労働者の職務専念義務を厳しく考えて，労働者は，肉体的であると精神的であるとを問わず，すべての活動力を職務に集中し，就業時間中職務以外のことに一切注意力を向けてはならないとすれば，労働者は，少なくとも就業時間中は使用者にいわば全人格的に従属することとなる。私は，職務専念義務といわれるものも，労働者が労働契約に基づきその職務を誠実に履行しなければならないという義務であって，この義務と何ら支障なく両立し，使用者の業務を具体的に阻害することのない行動は，必ずしも職務専念義務に違背するものではないと解する。（下線は筆者）

　伊藤裁判官は，最高裁の前述のような職務専念義務の解釈をとると，「使用者にいわば全人格的に従属することとなる」と述べ，仕事に具体的な支障がなければ，職務専念義務には反しないとしたのである。これは，最高裁判決に付される裁判官個人の一意見であったが，学説の圧倒的多数はこれを支持をしている（上記の2つの最高裁判決については，大内（2020）を参照）[11]。

　この後者の見解によれば，勤務時間中に少しでも仕事以外のことをすればサボりになるのではなく，仕事に支障が出るような行動に

でたとき（何もしないという不作為も含む），それによってはじめてサボリになるのである。実務上も，会社は，このような考え方で動いているであろう。

いずれにせよ上司は，仕事に支障が出ない範囲で，適度に部下が休息することにまで口を出すべきではないし，実際，そうしたことは黙認する上司が多いであろう。人間の目というのはいい加減なところがあるが，それくらいの監視がちょうどよいのである。ところが，監視カメラとなると，そうはいかない。カメラで録画されていても，最後は人間がチェックするだけなので同じではないかという見解もありそうだが，監視されている側からすると，常に見られているという状況は精神衛生上よくなく，きわめてストレスフルとなろう（コンビニで買い物中にだけ監視されるのとは，時間の長さが異なる）。これが人間の目と機械の目の違いである。

少し前に，マイクロソフト社の「Microsoft 365」の生産性スコアが批判の対象となったことがある▶12。このソフトは，メールやチャット，会議のスケジュールの履歴を蓄積し，職場内でのコミュニケーションの頻度や参加率などを分析できるもので，生産性向上につなげる指標として利用する企業が多いそうである。しかし，その一方で，これは社員を監視するツールとなっているとの批判を受け，同社は個人情報保護を強化する方向での修正を余儀なくされた。

プライバシーとは

会社としては，社員が自宅において，前述したような快適な環境を自らつくって働くことは，それが生産性に影響しないかぎり，反対する理由はないであろう。ただ，勤務場所が自宅になることにともなう問題もある。

会社が，社員のテレワークに抵抗したくなる理由の一つとして考

えられるのは，社員が仕事をしているにもかかわらず，その場所が社員個人の支配する私的な領域であるとして，会社からの介入を拒絶するようになることへの警戒感である。雇用されて仕事をする以上は，その範囲では，自宅であろうがどこであろうか，会社として，きちんと監視できるべきだというのは，正当な主張のように思える。

かつて会社のサーバーを使った電子メールの送受信に対する監視がどこまで許されるかということが問題となったことがあるが，実際には，前述のように，ICT機器の発達により，テレワークであっても常時監視が可能である。その際，仕事ぶりだけを切り離して監視するということは難しいので，結果として，社員のいる私的空間もみてしまうことは避けられない。この点は，プライバシーとの抵触という問題を引き起こす可能性がある。

もっとも，プライバシーは，よく耳にする言葉ではあるものの，具体的にそれが何を指すのかについては，必ずしも明確ではない。

裁判レベルでみると，日本で最初にプライバシーに言及したのは，三島由紀夫の小説『宴のあと』が，ある政治家の私生活をきわめてリアルに描写したことが問題となった事件においてであり，裁判所はプライバシーを「私事をみだりに公開されないこと」と定義した（裁判は三島が敗訴）。そして，公開された内容が，図表1-5に示すようなものである場合に，プライバシー侵害として法的な救済が与えられるとした。

会社がテレワークをしている社員を監視しているだけであれば，必ずしもこの意味でのプライバシーを侵害するとは言えないであろう。社員の私生活を公開することではないからである。

また会社に対して，社員のプライバシーをどこまで主張できるかという点については，前述したように，会社のサーバーを使った電子メールの送受信の監視をめぐって問題となったことがある。業務

図表 1-5 「宴のあと」判決におけるプライバシーの定義

(イ)私生活上の事実または私生活上の事実らしく受け取られるおそれのあることがらであること
(ロ)一般人の感受性を基準にして当該私人の立場に立った場合公開を欲しないであろうと認められることがらであること，換言すれば一般人の感覚を基準として公開されることによって心理的な負担，不安を覚えるであろうと認められることがらであること，
(ハ)一般の人々に未だ知られていないことがらであることを必要とし，このような公開によって当該私人が実際に不快，不安の念を覚えたこと

出典：1964 年 9 月 28 日の東京地方裁判所判決

用の電子メールであっても，のぞき見的な興味で監視するとプライバシー侵害となる可能性があるが，情報管理に関する責任者が業務上の必要性に基づいて行う監視の場合は，プライバシー侵害とはならないと考えられている。ICT機器による監視をこっそり行う場合は問題となりうるが，少なくとも会社が監視をすると事前に明示したうえで，会社の業務に関する監視をしているかぎり，それが法的な問題となる可能性は低いであろう。とはいえ，こうした監視は，たとえ法的な問題がないとしても，前述のように，社員に対して精神的な圧迫感を与えることもあるので，あまり望ましいことではないと思われる。やはり人間の目による監視と機械の目による監視とは違うのである。

　ただ，前述のように，今後もし社員の処遇が仕事のプロセスを問題としない成果型へとシフトしていくと，会社が監視をする必要は大幅に低減するであろう。会社の立場からは，監視のしにくさを嘆くよりも，いかにして監視をしないで，社員のテレワークをうまく活用するかを考えていくほうが得策であろう。

つながらない権利

　私的領域と仕事の領域との区別がはっきりしない働き方である点
は，テレワークの長所でもあるが，短所にもなりうる。まず社員に
とっては，オンとオフの切り替えがしにくいという問題がある。実
は，通勤という行為には，自宅という私的領域を出て，仕事の領域
に空間的に移動する意味があった。これによって，オンとオフの切
り替えは必然的に起こり，心理的にもそうした切替ができた。とこ
ろが，通勤のない在宅のテレワークでは，こうした空間的な移動が
起こらない。そのため仕事は，私的領域と仕事の領域が渾然一体と
なったなかで行われることになる。このことが，本人の働きやすさ
につながるのか，あるいは会社側からみて生産性の向上につながる
のか，それとも緊張感をもつことができず逆の効果が生じるのかは，
ケースバイケースである。ただ，会社は，できるだけ成果に着目し
た管理をしていくことによって，本人のオンとオフの切り替えがス
ムーズにいくよう促す人事管理をしていこうとするであろう。

　ただ，これとは逆に，社員によるオンとオフの切り替えを会社が
阻害する危険性にも目を向ける必要がある。このような観点から外
国では，社員に「つながらない権利」を認めるべきとする議論があ
る▶13。例えばイタリアでは，法律において，「スマートワーク」
（勤務する時間と場所が柔軟に設定される働き方）を導入するときには，
情報機器から切断されること（つながらないこと）を確保するための
措置と休息時間の確保を，企業と労働者との間で合意しなければな
らないと定めている。これは，オンとオフの切り替えを，社員の権
利として認めていこうとするものである。

　社員の私生活を確保するために，こうした権利を認めていくとい
う発想は，テレワークの普及のための重要なポイントとなると言え
るであろう。

個人情報の保護

　前述のように，プライバシーは，当初は「私事をみだりに公開されないこと」と定義されていたが，近年は，もう少し広い意味で使われている。個人に関する情報を第三者に開示されたり，公表されたりしない自由という意味も含められるようになっている。インターネットが発達して，デジタル化された個人情報を他人が知らぬ間に容易に入手できる可能性が高まるなか，今日では，プライバシーを，自らが個人情報についてコントロールする権利としてとらえる傾向にある。こうした権利は，公権力に対して主張されることが多いが，会社に対しても主張されることがある。

　もちろん，会社は，人事管理を行ううえでは，社員の個人情報を取得せざるを得ないことが多い。こうした個人情報があるからこそ，社員に対する様々な配慮をすることもできる（仕事の面以外でも，本人の健康や家庭の事情に関する情報など）。社員も，こうした個人情報の開示や利用については，明示されていなくても承諾していると判断してよいことが多いであろう。しかし，病気に関する情報などのセンシティブなものは，仕事に影響するものであっても，他人に知られたくないものであり，例えば会社がHIV感染に関する検査が本人の承諾なしに行ったり，感染に関する情報を無断で取得したり，第三者に伝えたりしたことが，しばしば問題となってきた。

　現在では，個人情報保護法により，会社による個人情報の取扱いについては規制がかかっており，これは会社と社員との関係にもあてはまる。病気に関する情報（健康診断等の結果や診療情報など）は，「要配慮個人情報」と呼ばれ，本人の同意がなければ会社は取得できない（ただし，法令に基づく場合や生命・身体・財産の保護のために必要である場合などは，例外的に本人同意は不要とされている）▶14。

　前述のようなIoTを使った個人の集中度などのチェックも，個人

図表 1-6　従業者へのモニタリングの際の留意事項

個人データの取扱いに関する従業者の監督，その他安全管理措置の一環として従業者を対象とするビデオ及びオンラインによるモニタリングを実施する場合は，次のような点に留意することが考えられます。

○ モニタリングの目的をあらかじめ特定した上で，社内規程等に定め，従業者に明示すること

○ モニタリングの実施に関する責任者及びその権限を定めること

○ あらかじめモニタリングの実施に関するルールを策定し，その内容を運用者に徹底すること

○ モニタリングがあらかじめ定めたルールに従って適正に行われているか，確認を行うこと

＊なお，モニタリングに関して，個人情報の取扱いに係る重要事項等を定めるときは，あらかじめ労働組合等に通知し必要に応じて協議を行うことが望ましく，また，その重要事項等を定めたときは，従業者に周知することが望ましいと考えられます。

出典：「個人情報の保護に関する法律についてのガイドライン」及び「個人データの漏えい等の事案が発生した場合等の対応について」に関する Q&A

情報を取得することになるので，個人情報保護法に違反しないように行う必要がある。具体的には，利用目的の特定，利用目的の通知・公表，適正な取得，利用目的範囲内の取扱いなどが義務づけられ，第三者提供は原則として禁止される（図表1-6）。

　現代社会では，個人情報保護法により，個人情報の管理への規制は強いものである。それゆえ会社としては，健康に関する要配慮個人情報は，取得をせずにすむなら，それに越したことはない。会社には社員の健康配慮義務があるため，その義務を履行するために健康情報を取得する必要があるとも言えるが，プライバシーの重要性を考慮すると，健康情報はできるだけ社員本人に管理させたほうがよいであろう。例えば，健康管理は，個人が前述のようなウエアラブル機器を活用して行うこととし，会社の行う健康配慮は，こうした社員の自己健康管理をサポートするという形で行われるのが，プライバシーと健康管理の両立という点で望ましいであろう。

プロファイリング

2019年に，ある求人広告会社が，就職情報サイトにおける内定者の行動ログから内定辞退率を分析して，その情報を顧客会社に売却していたことが違法行為であるとして問題となったことがあった（「リクナビ事件」）。募集・採用時の個人情報の取得や利用については，個人情報保護法以外に，職業安定法という法律に基づく，より厳格な規制があり（⇒第4章③），リクナビ事件は，この両方に関係しているものであった[15]。

この事件の内容はさておき，注目したいのは，インターネット上の行動履歴という個人情報がデジタルデータとして収集され，それが大量に集積することにより，AIによる分析をとおして，個人の行動予測を可能とし，それが大きな財産的価値を生んでビジネスに活用されているという事実である。

リクナビ事件では，個々の内定者が，SNSで○○会社の内定を辞退するつもりであると書き込んだ内容などが取得されたわけではない。あくまでもサイト上の行動ログからAIが推知したものにすぎない。こうした推知はプロファイリングと呼ばれる。プロファイリングは，法律上の定義はないが，簡単にいうと，ある個人について既存の個人情報を利用して，AIの分析により，その個人の思想や行動などを予測することである。AIの予測精度が悪ければ，たいした問題ではないが，現在はそうとは言えない。AIの精度は，学習するデータの量に左右されるが，私たちは実は膨大な個人情報を様々な形で業者に提供している。例えば，インターネットを使ったサイトの閲覧，EC（電子商取引）の利用などのウェブデータが膨大に蓄積されている。さらにIoTの発達は，センサーやカメラが至るところに設置されることにより，いわば目や耳をもつコンピュータのネットワークが現実社会の隅々にまで張り巡らされることを意味

し，そこから膨大なリアルデータが自動的に収集され蓄積されていく。このようにしてビッグデータが収集されているため，AIによる分析の価値（予測精度）がますます高まっているのである。

　こうしたAIを活用した個人の行動予測は，労働の分野でも活用され始めており，HRテック（HRテクノロジー）と呼ばれている[16]。リクナビ事件で活用された内定辞退率の情報もHRテックの適用例である。さらにAIはマッチングの分野（会社との相性の予測など）で大いに威力を発揮するため，採用選考，採用後の配置，中途退職率の予測などで活用できる。また，健康情報を活用すれば，個人の疾病予測（会社からすると社員が健康でどれくらいの期間働くことができるか）も不可能ではない。

　このような予測情報は，あくまでAIが生成したものであり，それが本人から適法に取得した情報に基づいて分析したものであるかぎり，個人情報保護法上，問題ではないという考え方もある。ただ，デジタル化された個人情報とAIによって，本人が知らないところで，プロファイリングにより本人の人物像が作り上げられ，それが人事などで活用されるということが，少なくとも技術上可能であるという現実は，私たちもよく認識しておく必要がある。

テレワークと個人情報保護

　テレワークをしていて，その間の監視が認められると，ICT機器をとおして社員個人の個人情報が会社に集積され，それをHRテックで分析して活用されていくことになるであろう。とりわけプロファイリングは，その内容いかんでは，能力にレッテルが貼られ，社会的排除を生み出すなどの差別を引き起こす可能性がある。そもそもプロファイリングの内容が正しい保証はないし，さらに何らかの理由で誤ったデータが混入して，誤ったプロファイリングがされて

しまう可能性も排除できない。

　プロファイリングについては、ヨーロッパにおける個人情報保護法に相当するGDPR（一般データ保護規則）では規制がされており、日本でも、何らかの規制が必要であるとする見解が強い（2020年の個人情報保護法の法改正では、プロファイリングに関する規制は導入されなかった）[17]。安心してテレワークをするためには、会社が社員の個人情報をどのように、どれだけ収集し、それをどのように分析しているかについて、会社は明らかにすることが望ましい。政府による今後のプロファイリング規制の動向（個人情報保護法の改正動向）も注視していく必要があるであろう[18]（図表1-7）。

図表 1-7　GDPRのプロファイリング規制
（個人に付与されている権利）

異議申立ての権利	自動的な意思決定をされない権利 （重大な影響をもたらすものに対してのみ）	自動的な意思決定が許容される場合でも保障されている権利 ・情報提供を受ける権利 ・人間を関与させる権利 ・データ主体（本人）の見解を表明する権利 ・決定を争う権利

③　社員の安全を守るテレワーク

会社の安全配慮義務

　日本の労働者は、台風が来ることがわかっていても出勤する。会社は、台風くらいでは、よほどのことがないかぎり、自宅待機命令を出すことはしない。しかし、強風下の通勤は危険であるし、場合によっては、出勤はできても、自宅に帰れないということがある。

　現在はAI（人工知能）のおかげで、気象予測の精度はぐんと高ま

っている。台風の進路がどのようで，どのくらいの強風と暴雨をもたらし，通勤にどの程度の支障が出るかの予測も，かなり前の時点でできるようになっている。会社は，社員が通勤したあとに，少しでも帰れない可能性があるのならば，通勤を命じるべきではないように思える。ぎりぎりまで様子をみて，それから判断するというのでは，多くの社員が危険と混乱にまきこまれてしまう。会社には，法律上，社員の安全に配慮する義務がある。この義務を履行するためにも，こうした指示を適切なタイミングで出すことは必要だと思われる。

　これは新型コロナウイルスのような感染症にも，もちろんあてはまる。どれほどオフィスで感染対策はできていても，通勤途中ではそうはいかない。不特定多数の人が集まる電車やバスは，三密（密集，密接，密閉）が生じる典型的な場所の一つであり，感染の危険が高い。会社は，こうした危険から社員を守る義務があるはずである。

　通勤のないテレワークであれば，社員はこうした危険にさらされずにすむ。その意味で，テレワークは，究極の安全対策である。会社にとってみても，事業継続計画（BCP）としての意味があるのは，前述したとおりである（⇒序章1）。新型コロナ問題が終息しても，例えば台風は毎年何度もやってくるし，大型地震への不安も年々高まっている。テレワークは，社員の安全にも，事業継続にも役立つのである。

　ただ現実には，新型コロナウイルス感染症が広がっているときでも，テレワークを命じずに，出勤を命じる会社は少なくない。テレワークを導入している会社でも，経理部の社員のように，ペーパーレスが進まないがゆえに，出勤せざるを得ない部署の社員もいる。会社に対して，社員を危険から守る義務があるといっても，業務上

の必要性という錦の御旗を立てて，聞き入れられない可能性が高い。

社員は出勤を拒否することができるか

　話は少し変わるが，かつて日本電信電話公社が，朝鮮海峡の韓国寄りのところで起きた海底ケーブルの故障の修理工事を担当させるために，同公社の布設船である千代田丸に出航を命じたところ，当時（1956年），その地域では，操業する日本の漁船の拿捕や乗組員の抑留等が繰り返されるなど危険な状況にあったことから，乗務員の一部を組織する労働組合が，組合員に出航命令を拒否するよう指令を出し，その結果，出航が1日以上遅れたという事件があった。

　当時の公社の乗務員は，国家公務員や地方公務員と同様，争議行為が禁止されていたので，労働組合の幹部は，違法な争議行為をあおったことなどを理由に解雇された。この解雇の有効性を判断するなかで，最高裁判所は，このケースでは，社員が，その意思に反して労働義務の履行を強制されるものではないとし，組合幹部の解雇を無効と判断した。この判決は，社員は，危険性が高い業務に従事する命令には従わなくてよいことを認めた判例として，よく参照されている。

　前述のように，雇用で働くとは，社員の指揮命令に従って働くことを意味するが，いかなる指揮命令であっても従わなければならない，ということではない。上記の最高裁のケースでは，労働組合が組合員の危険な業務にストップをかけたことは適法であったと判断されたのである。

　しかし，こうした法的な判断とは関係なく，そもそも仕事をすることに危険があるとわかると，仕事を拒否するということは，外国では常識となっているようである。例えば，日本の会社員が，アメリカに行ったとき，向こうの社員は，凍雨（freezing rain）が降って

くると，道路が凍りついて危険な状態になるので，会社の指示を待つまでもなく，皆が自主的に帰宅するのをみて驚いたという話がある（守島・大内［2013］に出てくる日置政克氏の発言）[19]。

　ここには日米の違いがわかりやすく示されている。アメリカ人は，自分のため，そして家族のために，危険があれば，とっとと仕事を切り上げて帰るし，危険がわかっていれば，出勤をしない。こうした判断を，会社に任せるのではなく，自分でやっているのである。

　ここにあるのは，出勤拒否権（あるいは帰宅権）という発想だと言える。会社に社員を危険から守るために出勤を免除するよう要求しても，応じてくれなければどうしようもない。だから，自力でそれをやってしまおうというのが出勤拒否権である。アメリカ人は，権利とか言わなくても，自発的にみんながやっているのだろうし，会社も黙認している。日本人はメンタリティが違うので，なかなかこうはいかないかもしれない。

ハラスメント職場での出勤拒否権

　出勤拒否権は，台風のような気象関係のリスクがある場合だけに関係するのではない。例えば，上司のパワーハラスメントがある場合，部下の社員は，その改善措置が図られるまでは出社したくないというような状況でも，この権利は使えそうである。

　この点で，参考になる最高裁判決がある（日本ヒューレット・パッカード事件）[20]。ある社員（仮に「山田」とする）が，職場の同僚から嫌がらせを受けていると感じたため，会社に調査を依頼し，休職させてもらいたいと申し出ていたところ，会社は調査の結果，嫌がらせの事実はなかったとして，山田に出社を促した。しかし山田はそれに応じなかったので，無断欠勤の懲戒事由に該当するとして諭旨退職の懲戒処分とした。裁判所は，山田が申告していた嫌がらせ

の事実は存在せず，被害妄想などの精神的不調によるものだと認定したが，山田の無断欠勤は懲戒事由に該当しないとした。会社は山田に対して精神科医による健康診断を実施し，その結果に応じて，必要な場合には休職にするなどの対応をすべきだったとしたのである。

　この判決の考え方を推し進めると，嫌がらせが社員の被害妄想にすぎなくても，それならそれで本人の精神不調があることになるから，本人の出勤拒否権が認められてよいという話になりそうである。もしテレワークができる会社であれば，社員は，休職ではなく，テレワークをさせてほしいと要請するかもしれない。それなら，裁判所は，テレワークをさせるべきだという判断をしていたかもしれない。

テレワーク権

　先に述べた出勤拒否権は，社員が会社に対して，本来，会社が社員を危険から守るという義務を果たしてくれないから，実力行使に出る権利だと言える。これと，社員が会社に対してテレワークをさせるよう求めることとは，少し意味合いが違う。テレワークを求めるのは，働く場所を，通常の職場から自宅に変えてほしいと言っているだけだからである。

　ICTの発達するなか，外国では最近，労働者には，どこで勤務するかを決定する権利があるのではないか，つまり会社の指揮命令権は勤務場所には及ばないのではないか，という議論が現れてきている。もし，こうした決定権が社員に認められれば，テレワークをすることも権利として主張することができることになろう。一部の国では，こうしたテレワーク権を法制化する動きもあるようである▶21。

　雇用においては，従来の考え方によれば，勤務場所の決定権は会

社にあるので，特別な契約を結んでいるような場合を除き，社員が勝手にどこで働くかを決めることはできない。しかし，少なくとも災害時など通勤に危険がある場合に，会社が危険を回避してくれないときには，社員のほうでテレワークをする権利が認められてもよさそうである。少なくとも，会社は，テレワークをさせない理由をきちんと説明しなければ，通勤して出社することを要請できないというような法的ルールを導入することは，日本でも考えられてよいように思われる。

　これは，法律（労働契約法）で配慮すべきとされているワーク・ライフ・バランス（仕事と生活の調和）の実現という理念にも合致するであろう。むしろテレワークこそ，ワーク・ライフ・バランスの実現のための最優先の手段とも言える。そう考えると，テレワーク権は，災害時などに関係なく，常に社員の権利として保障してよく，会社が出勤を要請するには，それなりの理由がなければならないとして，原則と例外を転換する考え方にも十分に理由があると思える。

日本型雇用システムと転勤

　もちろん，会社側の立場からは，このような権利を認めることへの抵抗は大きいであろう。転居をともなう全国転勤でさえ，これを当たり前としてきた日本の会社の風土のなかで，社員が勤務場所を決定して，しかもテレワークをする権利まで認めるのは，あまりにも大きな会社文化の転換となる。

　確かに，転勤を当たり前とする会社文化は，日本型雇用システムにおける「いつでも，どこでも，何でもやる」という正社員の働き方を象徴するものであった。かつて最高裁判所は，住居の移転をともなう転勤は，通常の正社員に対してであれば，転勤をさせる業務

上の必要性さえあれば，「通常甘受すべき程度を著しく超える不利益」がなければ原則として有効とする考え方を示していた。また，転勤の業務上の必要性についても，転勤先への異動が余人をもっては容易に替え難いといった高度の必要性は不要で，「労働力の適正配置，業務の能率増進，労働者の能力開発，勤務意欲の高揚，業務運営の円滑化」といった抽象的な理由でも，会社の合理的運営に寄与する点があると認められれば，業務上の必要性は肯定されるとしてきた（東亜ペイント事件）▶22。

　つまり，会社が転勤をさせることについては，なぜその必要があるかを厳密に示す必要はなく，ただ，あまりにもひどい不利益がある場合だけ許されないというのが，日本の労働法の考え方であった。このように会社の勤務場所の決定権が広く認められていれば，社員がテレワーク権を主張することなど認められる余地はなさそうである。

　ただ近年では，会社はなぜ正社員に頻繁な転勤を命じるのかが，議論の俎上（そじょう）に上がりつつある。とくに正社員になると転勤があるということは，実際上，女性の活躍への支障になっていることも問題となってきた（合理的な理由なく転勤を採用や昇進などの要件とすると，女性に対する間接差別として，男女雇用機会均等法違反となる）。リクルートワークスの大久保幸夫氏は，会社が転勤を行う際に挙げてきた種々の理由に疑問符を付け，人事施策としても転勤には合理性がないと指摘し，その見直しを提言する▶23。

　実際，テレワーク権を認めることは，会社にもメリットがあるように思える。前述したBCP（事業継続計画）は，災害国である日本を拠点とする会社にとって，リスク管理がしっかりできていることの証明になる。若者は，そこに着目して就職先を決め，投資家はそこをみて投資をするかもしれない。テレワークに背を向けている会

社には，ヒトもカネも集まらなくなるのである。このようにみると，テレワークは，労使双方にウィン・ウィンとなることがわかる。会社がこのことに気づきさえすれば，法律で定めるまでもなく，テレワーク権の考え方は浸透していくことになるのではなかろうか。

出勤拒否と給料

　ところで，出勤拒否権にしろ，テレワーク権にしろ，こうした権利が社員に認められたとき，社員としてまず気になるのは給料がどうなるかであろう。単に出勤しないというだけであれば，給料がもらえないのは当然である。これは「ノーワーク・ノーペイ」（働かなければ給料なし）という考え方によるものである。

　ただ，災害や新型コロナウイルス感染症のために出勤できないような状況であれば，どうであろうか。このときに，会社から休めと言ってきたときには，給料をもらえてよいような気もするが，どうもそうではないようである。新型コロナウイルス感染症に関する厚生労働省の「新型コロナウイルスに関するQ&A」（以下，厚労省Q&A）をみると，下記のように書かれている[24]。

　新型コロナウイルスに関連して労働者を休業させる場合，休業期間中の賃金の取り扱いについては，労使で十分に話し合っていただき，労使が協力して，労働者が安心し休むことができる体制を整えていただくようお願いします。
　休業期間中の賃金の支払いの必要性の有無などについては，個別事案ごとに諸事情を総合的に勘案するべきですが，労働基準法第26条では，使用者の責に帰すべき事由による休業の場合には，使用者は，休業期間中の休業手当（平均賃金の100分の60以上）を支払わなければならないとされています。
　また，労働基準法においては，平均賃金の100分の60までを支払うことが義務付けられていますが，労働者がより安心して休むことができるよう，就業規則等により各企業において，100分の60を超えて（例えば100分の100）を支払うことを定めていただくことが望ましいものです。なお，休業手当を支払った場合，支給要件に合致すれば，雇用調整助成金の支給対象になります。

出典：厚生労働省「新型コロナウイルスに関するQ&A」

これによると，新型コロナウイルスに関連して社員に欠勤をさせる場合，給料については全額支払うのが望ましいけれど，法律で義務づけられているのは，使用者の責に帰すべき事由（帰責事由）がある場合における，平均賃金（過去3か月の賃金の平均）の6割の休業手当の支払だけである。なお会社は，休業手当を支払えば，一定の要件を満たせば，政府が運営する雇用保険制度のなかで設けられている雇用調整助成金を受け取ることができて，休業手当の負担を補填することができる（コロナ禍で，この助成金の支給要件や支給額は，一時的に大幅に緩和・増額されている）。

　ここで問題となるのは，新型コロナウイルスの場合には，休業手当の要件である使用者の帰責事由があると言えるかである。一般論としては，「不可抗力」による休業の場合は，帰責事由には当たらないと考えられている。厚労省Q&Aでは，「不可抗力」とは，①その原因が事業の外部より発生した事故であること，②事業主が通常の経営者として最大の注意を尽くしてもなお避けることのできない事故であることの2つの要件を満たす必要があるとする。不可抗力の典型例は天災地変であるが，新型コロナウイルス感染症は，これと同等とみることができると，使用者の帰責事由は認められない（つまり社員は休業手当の支払いを受けることができない）ことになる。

　ましてや社員のほうから，新型コロナウイルス感染症の危険があるので休むといった場合には，社員が会社から給料を受け取ることは難しくなる。

テレワークと給料

　ただし，厚労省Q&Aでは，「自宅勤務などの方法により労働者を業務に従事させることが可能な場合において，これを十分検討するなど休業の回避について通常使用者として行うべき最善の努力を尽

くしていないと認められた場合」には，不可抗力にはならず，休業
手当の支払が必要となる可能性を示している。そうだとすると，テ
レワークが可能であるにもかかわらず，それをさせずに休ませたと
なると，会社に帰責事由があるとして，社員は休業手当をもらえる
ことになりそうである。どうせ休業手当を支払わなければならない
のであれば（雇用調整助成金がもらえれば金銭的負担は軽減できるかもし
れないが，いつももらえるわけではないし，手続も煩雑である），会社は，
テレワークができるような業務体制を構築して，給料を全額支払っ
たうえで，仕事をしっかりしてもらうことにしたほうがよいと考え
るようになるかもしれない。

　さらに将来テレワーク権が法的に承認されれば，社員がテレワー
クをしたいと言ってくれば，会社はそれを認めなければならないこ
とになり，そうなると当然，給料は全額支払われるべきことになる。
自宅であっても，仕事をしていることになるからである。

　いずれにせよ，厚労省Q&Aで主として論じられているのは，仕
事をさせなかったときの給料はどうなるかということであったが，
ここで考えていくべきなのは，出勤することが危険であるときに，
どのようにテレワークにより自宅で仕事をする手順をスムーズに進
めていくかである（厚生労働省が設けているポータルサイトも参照）▶25。
その際には，給料面の保障だけでなく，テレワークにともなう費用
負担をどうするかも，実務的には重要であろう。通信費，パソコン
の費用，自宅で仕事をするうえでかかる光熱費などをどう負担する
かは，現時点では法的なルールはない。厚労省Q&Aでも，「労使の
どちらが負担するか，あらかじめ労使で十分に話し合いましょう。
トラブルを避けるためには，就業規則等において定めておくことが
望まれます」と書くにとどめている。ただし，社員に負担をさせる
場合には，「労働者に……作業用品その他の負担をさせる定めをす

る場合においては，これに関する事項」に該当するので，就業規則に記載しなければならない（⇒第2章①）。

テレワークの際の費用負担を，どこまで会社がしてくれるかは，テレワークが一般的になっていく時代になると，労働者側の会社選びの際の重要なチェックポイントになるかもしれない。もちろん会社が負担しないような場合は，良い人材は集まらないであろう。

4 可能性を広げるテレワーク

ハンディを乗り越える

テレワークは，災害のような有事に強さを発揮するだけではない。平時でも，テレワークを利用することには，様々なメリットがある。

まず，テレワーク（とくに在宅勤務型）の特徴である通勤をしないでよいという点は，移動が難しい人に対して仕事の機会をつくりだすことになる。例えば，車椅子を使って生活をしているため，通勤が大変な身体障害者にとっては，テレワークができれば，仕事を見つけやすくなるであろう。

また，発達障害のある人は，リアル職場（事業所）では，周りとのコミュニケーションにストレスを覚えることがあっても，自宅で働くテレワークができれば，そういう問題がなくなり，より能力を発揮できるかもしれない[26]。

障害者の雇用を促進する法律は，近年の改正で，会社に対して，障害の特性を踏まえた「合理的配慮」をすることを義務づけている。テレワークをできるようにすることは，こうした合理的配慮の基軸となる措置と言える。

身体能力が衰えてくる高齢者が働き続けるためにも，テレワークは役に立つ。法律は，従来，65歳までの雇用を標準とする考え方

をとってきたが，これが70歳にまで引き上げられた（高年齢者雇用安定法の改正）▶27。この動きは「人生100年時代」と言われるなか，高齢者の能力発揮の機会を増やす狙いがあるが，その背景には急速な少子高齢化が年金財政への不安を引き起こしているという事情がある。つまり少子化が進み現役世代が減り，高齢者の人口が相対的に増えていくと，年金財政が逼迫するのは当然であり，これに対処するためには，年金支給開始年齢を引き上げることはどうしても避けられなくなる（それ以外の選択肢となると，年金額の引下げか，保険料の引上げとなるが，いずれも国民の強い反発が予想されるので，政治的に難しい）。おそらく，そう遠くない将来に，年金支給開始年齢は75歳に引き上げられるので，政府はその年齢までの就業確保を実現していく施策を進めていくことになるであろう。

　75歳になるまで通勤して働くとなると大変だが，業種や職種にもよるものの，テレワークであれば十分に働けるケースはあるであろう。明智書店でも，編集作業だけであれば，まだ実例はないが，テレワークで75歳まで働くことはできると思われる。とりわけデジタル技術を活用するスキルをもつことができれば，就労可能年齢をぐんと引き上げることが可能になるはずである（⇒第**4**章①）。

妊娠や病気のときもテレワークは味方

　女性社員は出産すれば，法律上，8週間は休まなければならない（ただし，6週間経過後は，医師が認めれば就労できる）のに対して，出産前の6週間は休む権利はあるが，本人の選択で，その権利を行使せず，出産直前まで働き続けることもできる。働き続ける場合には，軽易な作業に転換するよう会社に求めることが認められている。そこでいう軽易な作業への転換のなかには，テレワークでできる業務への転換も考えられる。身重での通勤は大変であるが，テレワーク

ができれば，妊娠後期であっても，仕事を休まなくてすむ女性が増えるであろう。

　同様のことは，病気の場合にもあてはまる。病気に罹患したときでも，病状にもよるが，テレワークであれば仕事を継続できることがあるであろう。コロナ禍においても，感染して自宅やホテルでの待機をしなければならないときに，軽症であればテレワークで仕事を継続していた人もいた（どこかの国の大統領も，感染後は，部屋にこもってツイッターで発信するという形で仕事をしていた）。

　2017年に政府が発表した「働き方改革実行計画」（2017年3月28日）のなかでは，「病気の治療と仕事の両立」も掲げられ，政策課題の一つとされていた▶28。タレントの生稲晃子さんの協力を得て，トライアングル型支援（両立支援コーディネーターが患者である労働者に寄り添い，継続的に相談支援を行いつつ，「医療機関・主治医」と「会社・産業医」と連携・調整を行い，治療と仕事の両立プラン作成などの支援を進めていく仕組み）を打ち出したことでも注目された。とくに国民の相当数が罹患すると言われるがんは，長期の療養を要することが多いので，そのときに，医師と相談しながらテレワークができれば，仕事を辞めずに働き続けられる可能性が広がるであろう。

育児と仕事の両立

　以上のような身体面での理由がある場合でなくても，テレワークができることが，仕事の継続に役立つことがある。その代表例が，子の育児の負担を抱えている人のテレワークである。

　社員は，子どもが1歳（条件によっては2歳）になるまでは，法律上，育児休業をとる権利があるが，休めば給料は減ってしまう。③でもみたノーワーク・ノーペイの原則がここでもあてはまるからである。実際には，育児休業をした社員には，雇用保険から育児休業給付金

が支給されて最初の180日は67％，その後は50％が補填されることになっているが，生活のためには，それでは不十分という家庭もあるだろう。そうなると，給料を全額もらい続けるために，どうしても働き続けることが必要となる。

　とはいえ，共働きの場合，働き続けるとしても，近くに子どもの面倒をみてくれる家族や親戚がおらず，保育園もなかなか見つからないという状況になれば，それは困難となる。最近では，社内に保育所をつくる会社も増えているようである（事業所内保育事業）が，そうしたことをしているのは一部の大企業に限られている[29]。

　また，法律上，小学校に入るまでの子がいる社員は，子を看護するための休暇を年5日（2人以上該当する子がいる場合は年10日）までとることができたり，一定の上限（1か月24時間，1年150時間）を超える時間外労働（1週40時間，1日8時間を超える労働）や深夜勤務（夜10時から朝5時までの時間帯の勤務）を拒否することができたり，3歳までの子がいる社員には，短時間勤務（1日原則6時間）を求める権利や残業（就業規則で定められている勤務時間を超える労働）を拒否する権利が認められたりしている。このように，育児休業をとらずに働き続けている社員には，様々なサポートすることが会社に求められている[30]が，サポートとして何よりも効果的なのは，ここでもテレワークであろう。テレワークは，育児と仕事の両立のための切り札と思われる。

　もちろん，テレワークができたからといって，そう簡単に育児と仕事の両立ができるものではなかろう。例えば，最近の新型コロナウイルス感染症のため，政府の指示で休園や休校となり，家に子どもがいる状況で在宅勤務をせざるを得なくなった人は，おそらく様々な困難に直面したことであろう。子どもが仕事中に邪魔しにきて，支障が出ることもあるだろうし，そもそも自宅に仕事部屋など

なく，テレワーク仕様になっていないことから不便を感じた人もいたであろう。Aくんを悩ませたのも，こうした問題である。リモート会議中に，子どもが顔を出すことや，遠くから新生児の泣き声が聞こえてくることに対して，まだ日本社会は不寛容かもしれない。ただ，今後テレワークが一般化していけば，もう少し寛大な社会的な相場観（具体的な支障がないかぎり，とやかく言わないようにすることなど）が形成されていくかもしれない。

介護離職ゼロをめざして

　育児と同じようなことは家族の介護にもあてはまる。ただ介護が必要な状況は，育児の場合と違って，突然降りかかる点に違いがある。仕事をバリバリしていた世代の労働者が，親が突然倒れたことにより，その介護のため離職しなければならなくなったというのはよく耳にする話である（これが「介護離職」である）。このような場合，介護休業を取得することもできるが，通算93日に限られている。また育児の場合と同様，会社には，仕事を継続しながら家族の介護をする人に対してサポートすることが義務づけられているが，介護が長期化すればそうしたサポートを受けられなくなり，辞職せざるを得ない場合も出てくるであろう。それに両親が地方在住となれば，仕事を継続すること自体が難しい。しかし，もしテレワークができれば，社員は辞めなくてもすむかもしれない。会社にとっても，例えば中小企業で幹部社員が，突然，介護離職するとなると，経営を左右しかねないので，テレワークで仕事を継続してくれることは，助かるであろう。

　政府も，この点については，問題意識をもっている。安倍晋三首相時代に発表された「一億総活躍プラン」では，「介護離職ゼロ」が政策の中心に掲げられていた。高齢化の進行で介護が必要な人が

増えていき，一方で少子化により労働力人口が減少しつつあるなか，介護と仕事の両立は，きわめて重要な政策課題であり，今後もそのことに変わりないはずである。そしてここでもテレワークが，問題の解決のための切り札となるであろう▶31。

住む場所に関係なく働ける

このようにテレワークであれば，地方在住者で，家族の都合で都会に出て行くことができないような場合でも，雇用機会を得ることができる。介護のためだけでなく，もともと親元から離れるつもりがない（あるいは，一人っ子であるなどの理由で離れることができない）人もいるであろう。テレワークは，このような地方に埋もれている人材が，都会の会社での雇用機会を得るチャンスをつくることにもなる。これは会社側にも，優秀な人材の発掘のチャンスとなる。

つまりテレワークの特徴として，ここでもう一つ指摘できるのは，住んでいるところに関係なく仕事ができるというメリットである。そして，これをさらに広げていくと，国境を超えていくことにもつながる。日本の会社が，日本語ができる日本人をとくに採用する必要はなくなるかもしれない。例えば「ジョブ型」の即戦力の人材を採用しようとする場合，職種によっては，日本語で会話をしなくても十分にやっていけるものがあり，そうなると日本人にこだわって採用する必要はなくなる。しかも近年のAIの翻訳技術の発達はめざましく，通常のビジネス会話程度なら，自国語を使いながら外国人とコミュニケーションをとることは難しくなくなってきている。社内の公用語を英語としている会社もあるようだが，その必要もなくなるかもしれない。テレワークであれば，その会社にとって最適と考える人材を，世界中から探すことができる。

このことは働く側からみると，誰もがテレワークにより，世界中

の会社で働くことができるということを意味する。外国語を苦手とする日本人であっても，海外の会社での仕事をみつけられるかもしれない。もちろん，労働市場が拡大すると，競争も激しくなる。自分のライバルは，世界中に存在していることになるからである。

　人々は国籍に関係なく，インターネットでつながっていれば，世界中のどこでも好きなところに住んで働くことができるというのが，テレワークの大きな魅力の一つである。これまでは仕事だけでなく生活自体も，会社の所在地に縛られていたことからすると，テレワークは，人々のライフスタイルにも大きな転換をもたらす可能性を含んでいる。

テレワークへの反発

　このようにテレワークには様々なメリットがあるが，これに脅威を感じている人たちがいることも見落としてはならないであろう。とくにテレワークを実施するために，社内のスマート化や「ジョブ型」化が進められ，業務の見直しがなされていくと（⇒序章④），ベテラン社員には，長年の仕事の経験のなかで培ってきた自分なりの仕事の知識やノウハウが使えなくなる不安がある。こうした不安をもつ社員たちが，いわば改革への抵抗勢力となって，テレワークの広がりを阻害する要因になることも考えられる。会社が，ベテラン社員の意向を無視して，業務編成を見直していくのは大変だからである。

　それに会社としても，いまいる社員のアナログ的なスキルを活用できるなら，なるべく活用したいところであろう。仕事のすべてをデジタル化できるわけではないし，アナログ的な仕事の進め方の良さは完全にはなくならないであろうからである。これまでのやり方によって，企業の業績を維持することができ，雇用も維持できて，

ベテラン社員も安心して働けるのなら，何もあえて新しいモノに飛びつく必要はないと言えそうである。

とりわけ競争にさらされていない業種であれば，現存社員の活用でなんとかなるかもしれない。ただ問題は，それがいつまで続くかである。新しい技術は，それを使って，より効率的に事業を営むライバルをいつかは必ず登場させることになると思われる。

こうしたライバルが現れたときでも，当局は，ある程度までは，参入規制をして，既存の会社を守り，そこで働く社員の雇用も守ってくれるかもしれない。外国に行くと一般的なライドシェアサービスが日本では解禁されていないのは，タクシー業界を守るためであろう。国民の多くがまだこの新しいサービスの利便性を知らず，それを待望する声が上がらないから，当局も動こうとしないのであろう。しかし，こうした状況はいつまでも続くものではない。規制改革がなされるのは，時間の問題である。

このようにみると，デジタル技術に背を向けたままビジネスをやっていくことは，今後は不可能と言える。すでにデジタルトランスフォーメーション（DX）をめぐる，会社間の大競争の号砲は鳴っている。コロナ禍は，この競争を加速化させている。こうしたなか，ベテラン社員の活躍できる余地は，今後徐々に狭まってきていくであろう。明智書店でも，手書き原稿を編集して，活版印刷をしていた時代の経験をもつ編集者がまだ残っているが，現代の電子書籍の時代には，必要となるスキルは以前とは大きく変わっている。そこでは，おそらく15世紀のグーテンベルクの活版印刷術の発明がもたらした以上の大きな技術的変化が起きている。Aくんの先輩も，さすがに電子書籍への対応には渋々ながら取り組んでいるが，テレワークで仕事をすることには，なかなか応じようとしていない。

乗り越えなければならない壁

　ただ，ベテラン社員の抵抗は，会社としては，乗り越えなければならない壁である。歴史的にみても，技術革新は，その規模がどうであれ，潜在的には，労働者の仕事を奪うものであった。その変化が急激で，新しい仕事への転換ができなければ，失業問題を引き起こしてきた。イギリスで18世紀に起きた技術革新は，工場制手工業から機械制大工業へと，産業界に「革命」を引き起こした（産業革命）が，この革命の波に飲み込まれ，仕事を奪われてしまった人たちは，機械打ち壊し運動（ラッダイト運動）をして抵抗したとされる。

　しかし，いまから振り返って，産業革命がないほうがよかったという人はあまりいないであろう（環境面からすると，産業革命以前に戻ったほうがよいというラディカルな主張もあり得るが）。歴史の教訓は，新しい技術はそれを排除するのではなく，それを活用していきながら，同時にそこで生じる問題に取り組むという姿勢が必要だというものだろう。

　現在のデジタル技術の導入は，あの産業革命以上のインパクトをもたらす可能性があると言われている。ベテラン社員に気をつかって，デジタル技術の活用やテレワークの導入に遅れをとると，会社全体の経営が傾いてしまい，元も子もなくなってしまうおそれがある。その意味で，ベテラン社員が不安を感じないように，デジタル技術に対応していくことは，会社が持続的に成長していくためにはどうしても必要である。個々の会社だけでは対応できないこともあろうが，こうした場合にこそ政府の出番であろう。新しい技術に対応するスキルを習得できるような教育訓練をしたり，どうしても転職せざるを得ない場合でも，転職先の紹介や転職できるまでの生活保障をしっかり行ったりする政策の発動が期待される。

居場所がない

　以上の話とは別に，実際にテレワークをするとなったときに，ベテラン社員でなくても，別の理由から尻込みする社員がいるかもしれない。テレワークには，通勤がないことのメリットがあるとはいえ，自宅が職場となることに抵抗を感じる人もいるであろう。職場には職場の人間関係があるのと同時に，家庭には家庭内の人間関係がある。これまで出勤して外にいた人が，突然，長い時間，閉ざされた空間で一緒にいるとなると，（家の広さや部屋の数にもよろうが）そこから新たな軋轢が生まれても不思議ではない。Aくんも，そのことを身にしみて感じていた。こうなると，通勤は苦痛でも，自宅から解放されるメリットのほうが大きいということになりかねない（ただでさえ日本のサラリーマンが，仕事帰りにどこかで寄り道をするのは，自宅の居心地があまり良くないからかもしれない）。

　それにテレワークとは，自宅に仕事をもちこむことであり，それは，生活と仕事が分離されなくなることでもある。場所的にも，これまではなかった仕事スペースというものが家のなかで必要となる。これは家族にも迷惑がかかる話であろう。ワーク・ライフ・バランスを実現するはずのテレワークが，かえってライフを崩壊させるようなことになっては元も子もない。だからこそ前述のように，少なくともオンとオフのけじめをしっかりつけることは最低限必要となるのである。

元に戻ることはない

　そうであるとはいえ，通勤が不要で，自宅で仕事ができる在宅勤務型のテレワークは，快適さと安全さを実現できるものであり，そのメリットは無視できない。上司の直接の指揮命令が緩和することについても，それにより働きやすさが高まると感じる人は多いであ

ろう。もちろん，情報機器による監視などは，プライバシーや私的領域への介入につながる危険性はあるが，今後は「つながらない権利」をはじめとした法的対応が進んでいくことが期待される。

　何よりもテレワークには，前述のように，障害者，高齢者，妊娠中の女性，病気の人，育児や介護の負担を抱える人，地方在住者などに対して雇用機会を増やすという点で大きな社会的価値がある。

　テレワークが広がる段階では，急速な変化にとまどうベテラン社員がいたり，これまで仕事の場とされていなかった家庭に仕事が持ち込まれることからくる多少の混乱は生じたりするが，こうした問題は克服できない壁というほどのものではないであろう。

　それにテレワークは，現在進行中のデジタルトランスフォーメーション（DX）と整合性が高い働き方である。人々がデジタル技術を使った生活をするようになると，テレワークというワークスタイルでなければ，うまく仕事が回っていかない可能性もある。

　明智書店でも，Aくんはこんなことを経験した。ある著者に対して，校正ゲラをPDFファイルで送ったところ，紙で印刷したゲラを郵送するようにとのリクエストがあった。この著者は，原稿のチェックは，これまでずっと紙に手書きの赤字を入れてやっていたので，それを変えたくないというアナログ派であった。Aくんは，テレワークを認められていたものの，この著者のために，近くのコンビニエンスストアに行って，膨大な分量の紙をプリントアウトし，それを郵送するという作業をしなければならなくなった。

　一方，別の著者との間では，出版契約書でもめたことがあった。この著者は，原稿のやりとりもすべてオンライン上で行っており，校正ゲラもPDFファイルでやるというデジタル派であった。しかし明智書店では，出版契約書には押印を求めていたために，これは郵送せざるを得なかった。しかし，この著者からは，文書であれば

保管が大変であるので，デジタル文書で契約を交わしてほしいというリクエストが入った。

　アナログ派にとって，デジタル化された仕事の進め方には抵抗感がある。一方，デジタル派にとっては，アナログ的な仕事の進め方のほうに抵抗感がある。どちらにもそれぞれの言い分があるのだが，世の中の流れからすると，まさに現在の菅義偉政権が進める行政のデジタル化からもわかるように，デジタル派が主流となるであろう。そうなると，デジタル派の仕事の効率性がいっそう注目され，それにともないアナログ的な仕事のやり方は排除されていくことになろう。

　最近では，テレワークでは難しいとされた対面営業重視の業種や職種でも，リモート営業のスキルの開発が進められている。顧客のなかにデジタルに慣れた世代が増え，非対面を望むようになると，働き手もそれに対応せざるを得ないのである▶32。

　仕事をどのように進めるか自体は，仕事の本質とは関係がないかもしれない。アナログにはアナログの良さもあり，仕事のすべての要素からアナログ的なものを除去してしまうのは適当ではないと思われる。ただ，無駄な作業をしなくてすむようにするためのデジタル化は，会社が利益を上げるためには必要不可欠であり，それはおそらく今後，行き着くところまで行くであろう。それは，働く側にとっても無駄な単純作業から解放されるというメリットがあるはずである。Aくんはそうしたことを踏まれば，テレワークは，前述のようなメリットや社会的価値とも相まって，今後いっそう注目されることになるだろうなと思った。

▶参考資料

1 厚生労働省「専門業務型裁量労働制」：https://www.mhlw.go.jp/general/seido/roudou/senmon/index.html

2 労働基準法研究会報告『労働基準法の「労働者」の判断基準について』（1985年12月19日）：https://www.mhlw.go.jp/stf/shingi/2r9852000000xgbw-att/2r9852000000xgi8.pdf

3 「忍び寄るオフィス不要論　在宅勤務で利用機会減る」（日本経済新聞電子版2020年5月15日）：https://www.nikkei.com/article/DGXMZO59124620U0A510C2TJ2000/

4 「仕事も休暇も国立公園で　環境省，ワーケーション推進」（日本経済新聞電子版2020年6月22日）：https://www.nikkei.com/article/DGXMZO60621080S0A620C2AM1000/

5 「テレワークで地方移住，最大100万円補助　政府21年度から」（日本経済新聞電子版2020年9月25日）：https://www.nikkei.com/article/DGXMZO64223980V20C20A9MM0000/

6 事業主が職場における優越的な関係を背景とした言動に起因する問題に関して雇用管理上講ずべき措置等についての指針（パワハラ指針）：https://www.mhlw.go.jp/content/11900000/000584512.pdf

7 「テレワークに潜む「リモハラ」の危険」（日本経済新聞電子版2020年5月31日）：https://www.nikkei.com/article/DGXMZO59671970Y0A520C2000000」

8 資生堂：https://www.shiseido.co.jp/sw/beautyinfo/telebeauty/

9 「TSテック，運転者見守る次世代車シート　生体情報から」（日本経済新聞電子版2020年3月25日）：https://www.nikkei.com/article/DGXMZO57168320U0A320C2XA0000/

10 「パソコン搭載カメラで従業員のストレスを測定」（日本経済新聞電子版2019年4月1日）：https://www.nikkei.com/article/DGXMZO43168690R00C19A4000000/

11 大内伸哉『最新重要判例200労働法（第6版）』（弘文堂，2020年）の第26事件と第171事件

12 「『働き方』分析広がる　個人情報保護に課題も」（日本経済新聞電子版2020年12月18日）：https://www.nikkei.com/article/DGKKZO67438630X11C20A2TJ1000

13 フランス法については，細川良「ICTが『労働時間』に突き付ける課題──『つながらない権利』は解決の処方箋となるか？」日本労働研究雑誌709号（2019年）：https://www.jil.go.jp/institute/zassi/backnumber/2019/08/pdf/041-051.pdf

14 個人情報保護法を担当する行政委員会である個人情報保護委員会のサイト：https://www.ppc.go.jp/

15 職業紹介事業者，労働者の募集を行う者，募集受託者，労働者供給事業者等が均等待遇，労働条件等の明示，求職者等の個人情報の取扱い，職業紹介事業者の責務，募集内容の的確な表示等に関して適切に対処するための指針：https://www.mhlw.go.jp/file/06-Seisakujouhou-12600000-Seisakutoukatsukan/0000168822.pdf

16 松尾剛行『AI・HRテック対応　人事労務情報管理の法律実務』（弘文堂，2019年）

17 GDPRの日本語訳（個人情報保護委員会）：https://www.ppc.go.jp/files/pdf/gdpr-provisions-ja.pdf

18 2020年の個人情報保護法改正の概要：https://www.ppc.go.jp/files/pdf/200612_gaiyou.pdf

19 守島基博・大内伸哉『人事と法の対話──新たな融合を目指して』（有斐閣，2013年）の274頁

20 大内伸哉『最新重要判例200労働法（第6版）』（弘文堂，2020年）の第33事件

21 山本陽大「『テレワークの権利』？──ドイツにおけるコロナ禍での立法動向」：https://www.jil.go.jp/researcheye/bn/054_210210.html

22 大内伸哉『最新重要判例200労働法（第6版）』（弘文堂，2020年）の第35事件

23 Works 134号（2016年）26頁以下：https://www.works-i.com/works/item/w_134.pdf

24 厚生労働省「新型コロナウイルスに関するQ&A」（令和3年3月2日時点版）：（企業の方向け）https://www.mhlw.go.jp/stf/seisakunitsuite/bunya/kenkou_iryou/dengue_fever_qa_00007.html：（労働者の方向け）https://www.mhlw.go.jp/stf/seisakunitsuite/bunya/kenkou_iryou/dengue_fever_qa_00018.html

25 厚生労働省「テレワーク総合ポータルサイト」：https://telework.mhlw.go.jp/

26 「コロナ，障害者の働き方に追い風　健常者の選択肢広げる」（日本経済新聞電子版2020年10月24日）：https://www.nikkei.com/article/DGXMZO65356690T21C20A0KNTP00/

27 厚生労働省「70歳までの就業機会確保（改正高年齢者雇用安定法）」（令和3年4月1日施行）：https://www.mhlw.go.jp/content/11600000/000626609.pdf

28 働き方改革実現会議決定「働き方改革実行計画（概要）」（2017年3月28日）：https://www.kantei.go.jp/jp/headline/pdf/20170328/05.pdf

29 厚生労働省「子育て安心プラン集計結果」（2020年9月4日）：https://www.mhlw.go.jp/content/11922000/000666391.pdf

30 厚生労働省「育児・介護休業法のあらまし」（2019年12月作成）：https://

www.mhlw.go.jp/stf/seisakunitsuite/bunya/000103504.html

31 「一億総活躍プラン」（2016年6月2日閣議決定）：https://www.kantei.go.jp/jp/singi/ichiokusoukatsuyaku/pdf/gaiyou1.pdf

32 「コロナ禍で広がるリモート営業 スキル磨く女性たち」（Nikkei Style 2020年6月23日）：https://style.nikkei.com/article/DGXMZO60440530X10C20A6000000

第**2**章

企業からみたテレワーク

①　オフィスのバーチャル化

ニューノーマルへの移行

　コロナ禍により非対面・非接触な生活が求められるなかで，これまでどおりの事業を継続できているのは，社員がテレワークで働けるようにしている会社であった。飲食業，観光・交通業のように，業種によっては，テレワークが困難なものもあるが，そのようなところでは経済的苦境からなかなか脱することができないようである。すでにみたように，災害の多い日本では，会社はBCP（事業継続計画）をしっかり策定する必要性が他国より高いはずである。その中心となるのがテレワーク体制の整備であり，コロナ禍で，いっそうテレワークの強みが浮き彫りにされることになった。

　もちろん，テレワーク体制の整備となると，これまでの仕事のやり方を変えなければならない。総務省の「通信利用動向調査」（2019年）では，「企業がテレワークを導入していない理由」には，「テレワークに適した仕事がないから」（74.7％）が最も多かった（⇒序章③）。また，コミュニケーションをとりにくいといった社員の不満は，会社にとっても，生産性を低下させる要因である（⇒序章④）。しかし，こうしたことを理由にテレワークの導入を逡巡（しゅんじゅん）していると，デジタルトランスフォーメーションの流れに遅れをと

ってしまう。デジタルトランスフォーメーションが進展していくこれからの経営環境をみるかぎり，会社にとってテレワークをさせずに事業を遂行していくという選択肢は，もはや存在しないと考えるべきであろう。働き方のニューノーマルはテレワークなのである。真の課題は，テレワークの導入を「するかどうか」ではなく，「どのように」するかなのである。その際に，会社にとってまず課題となるのは，テレワークを中心とした新たな業務体制に，どのようにしてスムーズに移行していくかであろう。なかでもテレワークに対して必ずしも前向きではない社員の抵抗は，会社にとっての不安定要因となりかねないので，そのことへの対策が必要である（⇒第1章④）。Aくんは，明智書店にとっても，このことはきわめて深刻な問題だと感じていた。

テレワーク義務

前述した「テレワーク権」は，テレワークを認めない会社に対して，社員がテレワークを求めることができるか，という観点からの議論である（⇒第1章③）が，逆に，テレワークを導入しようとしている会社が，テレワークを命じたとき，社員はそれに従う義務があるかという「テレワーク義務」という議論もある。

テレワークと通常の勤務との違いは，単に勤務場所にあるにすぎないとみると，テレワークは配転の一種ということもできそうである。そうなると，多くの会社では，就業規則において，「会社は，業務上必要がある場合に，労働者に対して就業する場所及び従事する業務の変更を命ずることがある」（厚生労働省のモデル就業規則）という規定が置かれているので，その規定に基づきテレワークを命じることができることになる▶1。例えば，会社がサテライトオフィスと利用契約を結び，そこでの勤務を命じるということは，この規定

に基づいてできそうである。社員に対して社員自身でサテライトオフィスを見つけて勤務することを命じ，その費用は会社が負担するというのも，とくに問題はなさそうである。しかし，自宅での勤務を命じる在宅勤務型のテレワークについては，少し違った問題が出てくるかもしれない。

　確かに，就業場所というのは，通常，会社が保有していたり，借りたりしている建物を指すのであり，社員の自宅までは含まれていないと言えそうである。また自宅は仕事を想定していない場であり，そこで働くとなると，いろいろと追加的な費用がかかることが多いので，その点を考慮すると，会社の命令一つで社員にテレワークをさせるべきでないと言うこともできそうである。

在宅勤務の費用

　テレワークによってかかる費用については，会社のなかには，通勤手当などを支払わない分を，在宅勤務手当のようなものに替えて支払うところが出てきている。厚生労働省が出している「テレワークガイドライン」では，在宅勤務の費用負担について，次のように書かれていた[2]。

　「テレワークを行うことによって労働者に過度の負担が生じることは望ましくない。個々の企業ごとの業務内容，物品の貸与状況等により，費用負担の取扱いは様々であるため，労使のどちらがどのように負担するか，また，使用者が負担する場合における限度額，労働者が使用者に費用を請求する場合の請求方法等については，あらかじめ労使で十分に話し合い，企業ごとの状況に応じたルールを定め，就業規則等において規定しておくことが望ましい。特に，労働者に情報通信機器，作業用品その他の負担をさ

せる定めをする場合には，当該事項について就業規則に規定しなければならないこととされている。」

　在宅勤務にともなう費用は，会社が当然に負担する義務があるわけではない。これは実は通勤手当も同じである。民法では，債務の弁済（ここでは，労働に従事すること）は，債権者（ここでは，会社）の現住の住所で行うものとされ，その弁済のための費用は債務者（この場合は，労働者・社員）が負担するとされているので，通勤手当も会社が支払わないのが原則となるのである。出張などにともなう費用は，会社がそれを命じたために発生する費用であるから，それは業務費（業務必要経費）として，会社が負担しなければならないが，通勤に要する費用は，これとは異なるのである。そのため，アルバイトなどに交通費を支払わないのも，別に違法ではない。もちろん，多くの会社では，正社員には，就業規則の定めにより，会社が支払うとしているであろう。ちなみに，その場合，通勤手当は賃金の一部分を構成するし，社会保険の算定基礎（標準報酬月額）にも算入される（ただし一定額までは所得税が課されない）。
　話を元に戻すと，在宅勤務にともなう費用は，業務費に近いものであるが，これをどう負担するかについての法的なルールはないので，前記の「テレワークガイドライン」でも労使で話し合って就業規則で定めることが望ましいとするにとどめている。会社が労働者に負担させる場合には，就業規則に必ず記載しなければならないという規制がかかってくるだけである（就業規則の必要記載事項については，次頁の図表2-1を参照）。

納得したテレワークが大切
　このように費用の負担の仕方という問題はあるが，これさえ解決

図表 2-1　会社が労働契約締結時に明示しなければならない事項
（違反には罰則あり）

労働契約の期間に関する事項
期間の定めのある労働契約を更新する場合の基準に関する事項
就業の場所および従事すべき業務に関する事項
始業および終業の時刻，所定労働時間を超える労働の有無，休憩時間，休日，休暇並びに労働者を二組以上に分けて就業させる場合における就業時転換に関する事項
賃金の決定，計算および支払の方法，賃金の締切りおよび支払の時期ならびに昇給に関する事項
退職に関する事項（解雇の事由を含む。）
退職手当の定めが適用される労働者の範囲，退職手当の決定，計算および支払の方法ならびに退職手当の支払の時期に関する事項
臨時に支払われる賃金，賞与，一箇月を超える期間の出勤成績によって支給される精勤手当，一箇月を超える一定期間の継続勤務に対して支給される勤続手当，一箇月を超える期間にわたる事由によって算定される奨励加給または能率手当，ならびに最低賃金額に関する事項
労働者に負担させるべき食費，作業用品その他に関する事項
安全および衛生に関する事項
職業訓練に関する事項
災害補償および業務外の傷病扶助に関する事項
表彰および制裁に関する事項
休職に関する事項

＊斜体部分は，就業規則にも記載して周知させなければならない事項
出典：労働基準法施行規則 5 条 1 項および労働基準法 89 条

すれば，会社はテレワークを命じることができるかというと，そう簡単ではなさそうである。これは新しい問題なので，学説上も見解が分かれている。就業規則に基づいて会社が決めることができる就労の場所には自宅は含まれないとする見解もあれば，とくに自宅を除く理由はないという見解もある。この点について，「テレワーク

ガイドライン」では，次のように記載されている。

　「テレワークを円滑かつ適切に，制度として導入し，実施する
に当たっては，導入目的，対象業務，対象となり得る労働者の範
囲，実施場所，テレワーク可能日（労働者の希望，当番制，頻度等），
申請等の手続，費用負担，労働時間管理の方法や中抜け時間の取
扱い，通常又は緊急時の連絡方法等について，あらかじめ労使で
十分に話し合い，ルールを定めておくことが重要である。」
　「テレワークの契機は様々であり，労働者がテレワークを希望
する場合や，使用者が指示する場合があるが，いずれにしても実
際にテレワークを実施するに当たっては，労働者本人の納得の上
で，対応を図る必要がある。」

　これによると，会社は社員の納得の上でテレワークを実施すべき
であるというのが，行政の立場である。確かに，本人が納得してい
ないままテレワークを命じても，うまくいかないであろうから，行
政の立場には一理あると言えそうである。Aくんも，明智書店のベ
テラン社員を思い浮かべながら，渋々テレワークを生じたような場
合には，仕事の効率は大きく下がるだろうなと想像できた。
　もし，テレワークを本格的に導入すると決めたなら，会社は，ト
ラブルを避けるためにも，就業規則において勤務場所を自宅とする
こともあると明記しておくべきであろう。また，新たに採用する社
員に，最初からテレワークを命じる場合には，法律上，会社に明示
が義務づけられている「就業の場所」には，「自宅」と記載するか，
会社が認めているサテライトオフィスの場所などを記載しておく必
要がある。

オフィスがなくなる

　上記の話は，社員がテレワークを拒否しても，まだオフィスで勤務する可能性がある場合のことである。会社がオフィスを解約してしまうと，社員は否が応でもテレワークをせざるを得なくなる。少し前なら，こうした話はそれほどリアリティがなかったが，コロナ禍の下でのテレワークの広がりでリアリティが高まってきている。

　実際，会社のなかには，オフィスの賃貸借契約の解約の意向を示したところが現れてきている▶3。オフィスを都心部から地方に移転するというタイプのものもあれば，都心にオフィスを残すが，規模を縮小し，席もフリーアドレスにするといったものもある。さらに，完全にオフィスをなくしてしまう会社もある。都市部のオフィスの家賃が高いだけに，なしで済ませることができればそうしたいと考える経営者は多いであろう。

　もしオフィスがなくなり，完全テレワークが導入されると，法的には，いろいろ困ることが出てきそうである。その一つが，労働基準法などの労働法規において重要な意味をもっている「事業」あるいは「事業場」の概念がどうなるかである。例えば，就業規則は，事業場単位で作成されるものであるし，法定労働時間（1週40時間，1日8時間）を超える時間外労働をする場合に必要となる「三六協定」も事業場ごとに締結される。いずれの場合も，会社は，その事業場で労働者の過半数を代表する者（労働者の過半数で組織する労働組合があれば，その労働組合）の意見を聴取したり（就業規則の作成の場合），同意を得たりする（三六協定の場合）という手順を踏んだうえで，その事業場を所管する労働基準監督署に届出をしなければならない（ただし，同一内容の就業規則は本社で一括して届け出ることが認められている）。「事業場」の範囲が定まらなければ，労働基準法の規制は機能しない。そのため行政は，「事業（場）」の範囲について一定の解

図表 2-2 「事業」と「事業場」の概念

● 「事業」について
• 工場，鉱山，事務所，店舗等の如く一定の場所において相関連する組織のもとに業として継続的に行なわれる作業の一体をいうのであって，必ずしもいわゆる経営上一体をなす支店，工場等を総合した全事業を指称するものではない
● 「事業場」について
• 一の事業場であるか否かは主として場所的観念によって決定すべきもので，同一場所にあるものは原則として分割することなく一個の事業とし，場所的に分散しているものは原則として別個の事業とする

出典：行政解釈（1947 年 9 月 13 日発基 17 号など）

釈基準を示して，実務を運用してきた（図表2-2）。

　ここで事業場として想定されているのが，現実空間のものであることは明らかである。もちろん，それは当然のことで，この行政解釈が出されたのは，労働基準法が制定されたのと同じ1947年だからである。当時の人は，現実空間以外で労働がなされることなど夢想さえしなかったであろう。しかし完全テレワークとなり，オフィスがネット空間上のバーチャルなものとなっていくと，こうした現実空間を念頭に置いた事業場概念の維持は難しくなるかもしれない。

　もちろん週に2日や月の半分だけのテレワークや，社員の半分だけが完全テレワークという会社であれば，労働法の規制にはあまり影響がない。実は，前記の行政解釈には続きがあって，「場所的に分散しているものであっても，出張所，支所等で，規模が著しく小さく，組織的関連ないし事務能力等を勘案して一の事業という程度の独立性がないものについては，直近上位の機構と一括して一の事業として取り扱うこと」とされている。もし自宅が，オフィスの出張所のようなものであれば，現実のオフィス（事業場）の一部とみる解釈が可能である。しかし完全テレワークとなり，現実空間に事

業場がなくなると，こうした取扱いもできなくなる。

5Gのインパクト

　そうした完全テレワークがほんとうに可能であるのかと，疑問符をつける人もいるであろう。例えばオンライン会議をやるときに，どうしても避けられないのが，レイテンシ（遅延：latency）である。時間的にずれが生じてしまうと，会議で活発に議論をするのはやりにくいかもしれない。ただ，大容量・超高速，低遅延，同時接続を特徴とする5G（第5世代移動通信システム）は，この問題を解決することになりそうである。実は2020年は5G元年と言われていた。まだその普及は都市部などに限られているが，そう遠くない将来に，私たちは5Gを使って生活をするのが当たり前のようになるであろう。政府はさらにその先の6Gも視野に入れている[4]。Wi-Fiを利用できる環境になくても，それほど困らなくなるであろう。まさに，どこででもテレワークができる時代が到来する。

　オンライン会議の臨場感を高めるならば，バーチャル・リアリティ（VR）での会議という選択肢もある。VRの空間に参加者が自分のアバターを登場させるだけで，あとは普通の会議が可能である[5]。外国人の発言は自動翻訳して示すこともできるようになる。HMD（ヘッドマウントディスプレイ）は高価だが，多くの人が使い出したら値段は下がる。VR会議こそ，5G時代にふさわしい会議方式とも言える。こうして私たちの働き方は，どんどん現実空間から離れていくことが予想されるのである。

未来の職場

　VR会議をいきなり導入するかどうかはさておき，Web会議が当たり前となってきた現在，リアル空間での職場を維持する必要性は

根本的に見直されることになろう。すでに，前述のように，職場にある自分のデスクが，フリーアドレス制によってなくなっていくし，オフィスそれ自体をもたない会社が現れたりしている。最初から自宅やサテライトオフィスが就業の場所となることも多いであろう。というよりも，仕事というのは，自宅にいながら，パソコンとインターネットを使ってやるのが当たり前となる可能性が高い。

　古きよき昭和の時代のオフィスは「島型」であり，平社員は向かい合って座る対向型で，管理職は端に座って全体が見渡せるようになっていた。さらに偉くなると，奥まったところに机があり，より全体を広く見渡せる位置に座る。島のなかでも入り口に近い席は新人や一般職の女性事務職員が座り，上司へのお茶くみを行う。コピー機とファックスは必ず置かれ，書類の作成が仕事の中心であり，コピー取りやファックスの送受信も新人か女性事務職員の仕事である。郵便を使うことが多く，郵便局に書き留め郵便を送りにいくのも，彼ら，彼女らの仕事である。

　というようなレトロな職場は，今日でもまだ残っているかもしれないが，それが効率的な業務体制でないことは明らかである。その機能のかなりの部分はデジタル技術で代替でき，女性事務職員（これが女性の仕事とされていること自体が男女差別的であり，時代錯誤も甚だしいのだが）のみならず，島の職員の仕事は下級管理職のそれも含めて，全般的に機械で代替されていくであろう。デジタルトランスフォーメーションの時代は，社内の業務のスマート化が進んでいく（⇒序章④）。その行き着く先が，繰り返し述べるオフィスのない職場なのである。あるIT企業のように「バーチャルオフィス」を設けて，テレワークをしている社員たちが，アバターをとおしてバーチャルなオフィスに出勤するというスタイルを実現しているところもある（「バーチャルオフィス」には，レンタルオフィスという意味

の場合もあるが，ここではインターネット上に実現したオフィスのことを指す）▶6。

Aくんは，明智書店も，おそらくオフィスをなくしてもやっていけるだろうと思っていた。「バーチャルオフィス」への出勤だと，実際に出勤しているのと変わらない状況が実現できる。おそらく，これからの会社のオフィスは，こうしたスタイルになっていくと予想できた。Aくんは，経営陣や先輩たちの顔を思い浮かべながら，明智書店が実際にそうなるかは別の話だが，とも思っていた。

② 労働時間の管理

法律の労働時間規制

テレワークを実施するとき，会社にとって悩みの種となりそうなのが，労働法の規制，とりわけ労働時間に関する規制である。労働時間は，明治時代に制定され，大正時代に施行された工場法の時代から，労働規制の中心的な領域となっており，そのことは工場法を引き継いだ労働基準法でも変わりがない。労働基準法をみると，休暇なども含めた労働時間に関する規定が最も多く，かつ度重なる改正により内容が複雑になっている。2018年の働き方改革関連法でも，時間外労働の上限規制の強化などを内容とする大改正がなされた▶7（図表2-3）。

社員にテレワークをさせる会社にとっての難題は，現行の労働時間規制が，必ずしもテレワークに適合的なものでない点である。

法律は，労働時間が1週40時間かつ1日8時間を超えないようにすることを義務づけ，会社がこれを超える労働（時間外労働）をさせる場合には，社員の過半数代表と三六協定を締結して，労働基準監督署長に届出をして，かつ通常の賃金の25％以上（月に時間外労

図表 2-3　労働基準法上の労働時間規制
（条文に「の 2」というような枝番号があるのは, 制定後追加されたもの）

1（労働時間）32 条
2（変形労働時間制）32 条の 2, 32 条の 4, 32 条の 4 の 2, 32 条の 5
3（フレックスタイム制）32 条の 3, 32 条の 3 の 2
4（災害等による臨時の必要がある場合の時間外労働）33 条
5（休憩）34 条
6（休日）35 条
7（時間外および休日の労働）36 条
8（時間外, 休日および深夜の割増賃金）37 条
9（時間計算）38 条
10（事業場外労働のみなし労働時間）38 条の 2
11（裁量労働制）38 条の 3, 38 条の 4
12（年次有給休暇）39 条
13（労働時間および休憩の特例）40 条
14（労働時間等に関する規定の適用除外）41 条
15（高度プロフェッショナル制度）41 条の 2

働が60時間を超えれば50%以上）の割増賃金を支払うことを条件としている。そして, この義務を履行する前提として, 会社に対して, 社員が実際にどれだけの時間働いたかを把握することを求めている。

　ところがテレワークについては, 社員の労働時間を算定しがたいため, 時間外労働があったかどうかがはっきりしないし, 時間外労働があった場合にどれだけの割増賃金を支払うべきかが明確に算定できなかったりする。平たく言えば, 残業をしても, きちんと残業代が払ってもらえなくなるかもしれないということで, これでは, 社員の不満が出てきて, テレワークが失敗に終わる可能性が高まる。

政府の「働き方改革実行計画」（2017年3月）でも，テレワークと労働時間の関係について，次のように書かれていた[8]。

　　「テレワークの導入に当たっては，労働時間の管理を適切に行うことが必要であるが，育児や介護などで仕事を中抜けする場合の労働時間の取扱や，半日だけテレワークする際の移動時間の取扱方法が明らかにされていない。このため，企業がテレワークの導入に躊躇することがないよう，フレックスタイム制や通常の労働時間制度における中抜け時間や移動時間の取扱や，事業場外みなし労働時間制度を活用できる条件などを具体的に整理するなど，その活用方法について，働く実態に合わせて明確化する。
　　また，長時間労働を防止するため，深夜労働の制限や深夜・休日のメール送付の抑制等の対策例を推奨する。」

　そこで，ここに提起された課題に答えるべく作成されたのが，前述の厚生労働省の「テレワークガイドライン」の改正前のものである。
　それによると，あとでみる裁量労働制や高度プロフェッショナル制度のような特別な労働時間制度が適用されず，通常の労働時間制度に基づきテレワークが行われている場合においては，会社は，社員の労働時間について適正に把握する責務を有し，「労働時間ガイドライン」に基づき，適切に労働時間管理を行わなければならないとしており，現在の「テレワークガイドライン」でも，その点は基本的には変わっていない。「労働時間ガイドライン」とは，厚生労働省が作成した「労働時間の適正な把握のために使用者が講ずべき措置に関するガイドライン」のことである[9]。
　「労働時間ガイドライン」では，「使用者は，労働者の労働日ごと

図表 2-4　労働時間の適正な管理のための措置

❶ 自己申告制の対象となる労働者に対して，労働時間ガイドラインを踏まえ，労働時間の実態を正しく記録し，適正に自己申告を行うことなどについて十分な説明を行うこと。

❷ 実際に労働時間を管理する者に対して，自己申告制の適正な運用を含め，労働時間ガイドラインに従い講ずべき措置について十分な説明を行うこと。

❸ 自己申告により把握した労働時間が実際の労働時間と合致しているか否かについて，必要に応じて実態調査を実施し，所要の労働時間の補正をすること。

❹ 自己申告した労働時間を超えて事業場内にいる時間について，その理由等を労働者に報告させる場合には，当該報告が適正に行われているかについて確認すること。

❺ 使用者は，労働者が自己申告できる時間外労働の時間数に上限を設け，上限を超える申告を認めない等，労働者による労働時間の適正な申告を阻害する措置を講じてはならないこと。

❻ 時間外労働時間の削減のための社内通達や時間外労働手当の定額払等労働時間に係る事業場の措置が，労働者の労働時間の適正な申告を阻害する要因となっていないかについて確認するとともに，当該要因となっている場合においては，改善のための措置を講ずること。

出典：厚生労働省「労働時間ガイドライン」

の始業・終業時刻を確認し，適正に記録すること」とし，その「原則的な方法」は，①「使用者が，自ら現認することにより確認すること」，または②「タイムカード，ICカード，パソコンの使用時間の記録等の客観的な記録を基礎として確認し，適正に記録すること」としている。そして，「やむを得ず自己申告制で労働時間を把握する場合」に講じるべき措置を示している（図表2-4）。

　一方，長時間労働対策については，「テレワークガイドライン」では，次のように述べられている。

　　「テレワークについては，業務の効率化に伴い，時間外労働の削減につながるというメリットが期待される一方で，。労働者が

図表2-5　テレワークにおける長時間労働対策

❶ メール送付の抑制等

- テレワークにおいて長時間労働が生じる要因として，時間外等に業務に関する指示や報告がメール等によって行われることが挙げられる。このため，役職者，上司，同僚，部下等から時間外等にメールを送付することの自粛を命ずること等が有効である。

❷ システムへのアクセス制限

- テレワークを行う際に，企業等の社内システムに外部のパソコン等からアクセスする形態をとる場合が多いが，所定外深夜・休日は事前に許可を得ない限りアクセスできないよう使用者が設定することが有効である。

❸ 時間外・休日・所定外深夜労働についての手続

- 業務の効率化やワークライフバランスの実現の観点からテレワークを導入する場合にも，その趣旨を踏まえ，労使の合意により，時間外等の労働が可能な時間帯や時間数をあらかじめ使用者が設定することも有効である。

❹ 長時間労働等を行う労働者への注意喚起

- テレワークにより長時間労働が生じるおそれのある労働者や，休日・所定外深夜労働が生じた労働者に対して，使用者が注意喚起を行うことが有効である。具体的には，管理者が労働時間の記録を踏まえて行う方法や，労務管理のシステムを活用して対象者に自動で警告を表示するような方法が考えられる。

出典：厚生労働省「テレワークガイドライン」

使用者と離れた場所で勤務をするため相対的に使用者の管理の程度が弱くなる，。業務に関する指示や報告が時間帯にかかわらず行われやすくなり，労働者の仕事と生活の時間の区別が曖昧となり，労働者の生活時間帯の確保に支障が生ずる，といったおそれがあることに留意する必要がある。」

そして，長時間労働等を防ぐ手法として，4つの手法を例示している（図表2-5）。

みなし労働時間制

　労働基準法のなかには，労働時間の長さについて，実際の労働時間によるのではなく，協定などで決めた時間，働いたものとみなすという簡便な仕組みもある。これにより例えば1日8時間とみなすと決められると，会社は，実際に何時間働かせても，時間外労働をさせたことにはならず，三六協定の締結・届出や割増賃金の支払いの義務は発生しないことになる。

　こうしたみなし労働時間制の一つが，労働者が事業場外で業務に従事した場合において，「労働時間が算定し難いとき」に適用される「事業場外労働のみなし労働時間制」である。この制度が適用されれば，社員の労働時間は，就業規則で定める所定労働時間とみなされる。もしその業務を遂行するのに通常要する時間が，所定労働時間を超える場合には，その通常要する時間がみなし労働時間とされる。さらにそのみなし労働時間は，当該事業場の過半数代表との労使協定によって決めることができる。

　前述のように完全テレワークであれば，どこが事業場かわからなくなり，それゆえ「事業場外」というものも観念できないことになるが，本来の職場（事業場）がリアル空間に存在している場合には，テレワークは事業場外で行われたものとして，このみなし労働時間の仕組みを適用することができそうである。実際，このみなし労働時間制は，外回りの営業社員が典型的な適用例とされてきたので，モバイルワーク型のテレワークには，そのまま適用できそうである。さらに在宅勤務型やサテライト／コワーキング型のテレワークであっても，事業場外での就労として「労働時間が算定し難いとき」に該当すれば，適用することはできるであろう。

　「テレワークガイドライン」では，「労働時間が算定し難いとき」に該当する要件を二つ挙げている（図表2-6）。

図表 2-6 「労働時間が算定し難い」場合の判断基準

❶情報通信機器が，使用者の指示により常時通信可能な状態にお くこととされていないこと
❷随時使用者の具体的な指示に基づいて業務を行っていないこと

出典：厚生労働省「テレワークガイドライン」

　「テレワークガイドライン」では，(1) 勤務時間中に，労働者が自分の意思で通信回線自体を切断することができる場合，(2) 労働者が情報通信機器から自分の意思で離れることができ，応答のタイミングを労働者が判断することができる場合，(3) 会社支給の携帯電話等を所持していても，応答をするかどうかや折り返しのタイミングについて労働者が判断できる場合には，❶の要件を満たすとしている。

　現在のテレワークでは，基本的には，オンラインでずっとつながっており，頻繁に Slack などのツールを使ってコミュニケーションをとったり，オンライン会議を開催したりしている。こうした働き方が一般的になってきていることを考えると，「労働時間が算定し難いとき」という要件を充足するケースは少ないと思われる。

　なお，判例のなかには，テレワークのケースではないが，海外ツアーの添乗員の場合でも，日報の提出などによって勤務状況を具体的に把握できた場合には，「労働時間を算定し難いとき」にはあたらないとしたものがある。法は，実際に働いた労働時間を把握することがあくまでも基本で，みなし労働時間制の導入は例外的なことなので，その要件を満たすかどうかの裁判所の判断も厳格に行われているのである。

裁量労働制

　みなし労働時間制が適用されるもう一つの例が裁量労働制である。

裁量労働制には，専門業務型と企画業務型という二つのタイプのものがある。

　「専門業務型裁量労働制や企画業務型裁量労働制は，労使協定や労使委員会の決議により法定の事項を定めて労働基準監督署長に届け出た場合において，対象労働者を，業務の性質上その適切な遂行のためには遂行の方法を大幅に労働者の裁量に委ねる必要があるため，当該業務の遂行の手段及び時間配分の決定等に関し使用者が具体的な指示をしないこととする業務に就かせた場合には，決議や協定で定めた時間労働したものとみなされる制度であり，裁量労働制の要件を満たし，制度の対象となる労働者についても，テレワークを行うことが可能である。

　専門業務型裁量労働制の適用対象業務は法令で定められており，そのなかには，「新聞・出版の事業における記事の取材・編集の業務」が含まれている（なお，企画業務型裁量労働制の適用可能業務は，「事業の運営に関する事項についての企画，立案，調査及び分析の業務」である）。したがって，明智書店の編集者も適用対象とすることが可能であるし，実際，同業他社では導入されている事例もある。しかし明智書店では，かつて社員の反対でこの導入が見送られたという経緯がある。裁量労働制になると，どんなに働いても割増賃金（残業代）が払われず，会社は「安心」して長時間労働をさせることができるようになり，ブラック化したという他社の例が数多く耳に入っていたからである。そのため，Ａくんには，裁量労働制は適用されていないが，残業代がきちんと払われているかは少し不安となってきた。前述の「労働時間ガイドライン」で，「時間外労働手当の定額払等労働時間に係る事業場の措置が，労働者の労働時間の適正な申告を阻害する要因となっていないかについて確認するとともに，当該要因となっている場合においては，改善のための措置を講ずる

こと」と書かれているのをみて，明智書店では残業代が定額払いとなっていたので，ひょっとして違法ではないかという懸念があったのである。

　明智書店では，定額払いであっても，実際の労働時間に基づいて算定された割増賃金との差額は支払うことになっていて，これは適法なやり方である。ただ，Aくんには，労働時間が長くなったのは，自分の仕事のやり方が悪かったからではないかと思い，なかなか本当の時間を申告しづらいということがあった。自己申告という仕組みを使った労働時間の管理には限界があると感じていた。

高度プロフェッショナル制度

　テレワークは，2018年の働き方改革で導入された高度プロフェッショナル制度（「高プロ」）の適用を受けて働く人にも適用しうる。この制度は，「高度の専門的知識等を必要とし，その性質上従事した時間と従事して得た成果との関連性が通常高くないと認められる」ものが適用対象業務となり（具体的には，金融商品開発業務，金融商品のディーリング業務，アナリスト業務，コンサルタント業務，研究開発業務），こうした業務に従事する労働者は，一定の要件を充足した場合には，労働時間に関する規定が適用されないとするもので，これにより，三六協定の締結・届出や割増賃金の規定も適用されなくなる。

　このように裁量労働制や高プロは，適用対象が限定されているが，その業務に従事する者には，テレワーク向きと考えられる人は少なくないと思われる。

　このほか，労働時間規制の適用を受けない労働者としては，管理監督者がいる。そのため，管理監督者がテレワークをする場合には，労働時間の管理の問題は基本的には出てこない。ただ，管理監督者

と認められるためには，経営者との一体的な立場であることなどが求められているので，一般に管理職と呼ばれていても，ほとんどの人はこれには該当しない。

フレックスタイム制

　ここまでみてきたのは特別なカテゴリーの業務に従事する社員についての話だが，通常の業務においても弾力的な労働時間制度を導入することができる。それがフレックスタイム制である。

　フレックスタイム制は，清算期間やその期間における総労働時間等を労使協定において定め，清算期間を平均し，1週当たりの労働時間が法定労働時間を超えない範囲内においては，従業員が始業および終業の時刻を決定し，生活と仕事の調和を図りながら効率的に働くことのできる制度であり，テレワークにおいても，この制度を活用することが可能である。そして，「労働者の生活サイクルに合わせて，始業及び終業の時刻を柔軟に調整することや，オフィス勤務の日は労働時間を長く，一方で在宅勤務の日は労働時間を短くして家庭生活に充てる時間を増やすといった運用が可能」である（「テレワークガイドライン」）。

　ところで，テレワークにおける労働時間管理において，一つ問題となるのが，いわゆる中抜け時間（在宅勤務中に，一定程度労働者が業務から離れる時間）の取扱いである。例えば，在宅勤務中に子どもへの授乳やトイレに行く親の付き添いなどのために，業務から離脱することがある。こうしたことができるのが，テレワークのメリットでもある。

　前記の「働き方改革実行計画」でも，中抜け時間については検討が求められていた。「テレワークガイドライン」では，「中抜け時間については，労働基準法上，使用者は把握することとしても，把握

せずに始業及び終業の時刻のみを把握することとしても、いずれでもよい」とされ、時間を把握する場合の方法として、1日の終業時に、労働者から報告させることが例示されている。テレワーク中の中抜け時間の取扱いとしては、(1)中抜け時間を把握する場合には、休憩時間として取り扱い終業時刻を繰り下げたり、時間単位の年次有給休暇として取り扱う、(2)中抜け時間を把握しない場合には、始業および終業の時刻の間の時間について、休憩時間を除き労働時間として取り扱う、といったことなどが考えられ、それをあらかじめ就業規則等に定めておくこととされている。

　会社は、勤務時間の途中で一定の休憩を与えることが義務づけられている（1日6時間を超える勤務の場合には45分、8時間を超える場合は60分）が、中抜け時間を休憩時間として扱う（会社が付与すべき休憩時間に充当する）こともできるのである。また、時間単位の年次有給休暇とは、会社が過半数代表と労使協定を締結することを条件に、個々の社員の5日以内の年次有給休暇については、1日単位ではなく、時間単位で年次有給休暇を付与してよいというものである。ただ、年次有給休暇は原則として、労働者の請求（これを「時季指定」という）によって取得されるものなので、会社が中抜け時間に年次有給休暇を充てるように強要することはできない。

　フレックスタイム制が導入されていれば、中抜け時間についても、社員自らの判断により、その時間分だけその日の終業時刻を遅くしたり、清算期間の範囲内で他の労働日の労働時間を増やす形で調整したりすることが可能である。また、「労働者が労働しなければならない時間帯」（コアタイム）を設けないフレックスタイム制（いわゆる「完全フレックス」）の場合には、中抜け時間についての制限もないことになる。以上の弾力的な労働時間制をまとめると、次頁のようになる（図表2-7）。

図表 2-7　弾力的な労働時間制

◉ みなし労働時間制

- 事業場外労働
- 裁量労働
  { 専門業務型
    企画業務型

◉ フレックスタイム制

- コアタイムあり
- コアタイムなし（完全フレックス）

◉ 労働時間規制の適用除外

- 高度プロフェッショナル制度（高プロ）
- 管理監督者

出典：労働基準法

③ テレワークと健康

健康管理と労働時間の把握

　「テレワークガイドライン」では，前述のように，テレワーク時に長時間労働を招かないような手法を例示していたが，テレワークをするかどうかに関係なく，会社には，長時間労働による健康障害が起きないように措置を講じることが，法律上義務づけられている。

　例えば，会社は，年に1回，定期健康診断を実施する義務があり，社員にもそれを受診する義務があるが，それに加えて，1か月の時間外労働が80時間を超えて，疲労の蓄積が認められる社員から申し出があれば，会社は医師（産業医）による面接指導を受けさせる義務もある。面接指導の結果によっては，医師の意見を勘案して，就業場所の変更，作業の転換，労働時間の短縮，深夜業の回数の減少等の措置を講じなければならない。これらの義務は，社員一般に

対して実施しなければならないもので，フレックスタイム制の適用
を受ける社員はもちろん，みなし労働時間制が適用される社員にも
適用される。みなし労働時間制では，前述のように，実労働時間に
基づく労働時間管理は原則としてされないが，この面接指導の義務
との関係があるので，結局，会社は，タイムカードによる記録や
パーソナルコンピュータ等の電子計算機の使用時間の記録等の方法
により，労働時間の把握をしなければならない。

　現在では，労働時間の把握に役立つ勤怠管理システムが発達して
おり，テレワークでも利用されている。ただ，こうしたソフトの性
能が高まっていくと，監視が行き過ぎたものとなるおそれもあり，
そうなるとプライバシー侵害や労働強化など様々な問題が出てくる
可能性がある（⇒第1章②）。

　ただよく考えると，そもそもテレワークという働き方は，会社に
労働時間をきっちり把握させ，労働者が過重労働とならないように
管理するという法規制には適さないようにも思える。働き手の側か
らしても，Aくんには，こうした法規制は，テレワークをする社員
側のニーズに合致していないように感じられた。

工場法時代からのレガシーシステム

　労働時間を規制する法律の目的は，時間外労働を減らし，労働者
に長時間労働をさせないようにすることにある。ここには長時間労
働イコール悪という考え方がある。確かに，映画『モダン・タイム
ス』のなかのチャップリン演じる労働者のように，ベルトコンベア
にあわせて働くスタイルならば，こうした非人間的な状況に置かれ
ている時間はできるだけ短くすべきであろう▶10。工場法時代から
継承されてきた労働時間の規制スタイルは，労働基準法となった後
でも，こうした働き方を中心的に想定したものであり，裁量労働制

図表 2-8　弾力的な労働時間制の利用状況

●弾力的な労働時間制を採用している企業	
• 事業場外労働のみなし労働時間制	11.4%
• 専門業務型裁量労働制	1.8%
• 企画業務型裁量労働制	0.8%
• フレックスタイム制	6.1%
●弾力的な労働時間制の適用を受ける労働者	
• 事業場外労働のみなし労働時間制	7.6%
• 専門業務型裁量労働制	1.0%
• 企画業務型裁量労働制	0.2%
• フレックスタイム制	9.3%

出典：厚生労働省「令和 2 年 就労条件総合調査」

などは，あくまで例外という位置づけであった。例外であるので，簡単に使えないようになっているし，実際にその利用は低調である[11]（図表2-8）。

　しかし，デジタルトランスフォーメーションが進行している今日，もはやこうした工場法時代の働き方自体が，例外となりつつある。これから求められる働き方は，経営者や上司が事細かく指揮命令して働かせるようなものではない。そうした働き方が必要となる仕事は，人工知能やロボットによって行われていくようになる。人間が担うのは，人工知能やロボットによってはできない仕事であり，それは知的創造性の発揮が求められる仕事である。こうした働き方は，時間的にも，場所的にも，社員の判断に任せたほうがよいものが多いし，給料は，何時間仕事に従事したかという時間給的な発想で支払われるのではなく，どのような成果を出したかに対して支払われることになるであろう。

　このような近未来の働き方を前提とすれば，テレワークこそがそれに最も適したものと言えるだろう。テレワークであれば，時間的

にも場所的にも制約が小さくなり，社員が自ら最も適すると考える時間帯や場所で仕事をするようになるし，また給料が成果に基づくものであれば，途中のプロセスを監視しにくいというテレワークの問題点は関係がなくなる。

　デジタルトランスフォーメーションの時代は，労働時間によって，人間の労働を管理したり評価したりすることがなくなっていく。働く側も，ある程度まとまった時間働くからこそ，自分の出したい成果に向けた取組ができるし，その過程で自分の成長が感じられ，仕事への納得感も高まる。長時間労働イコール悪と考えて，労働時間の長さを規制するのは，いまなお残る工場法時代の「レガシーシステム」（負のレガシー）と言えるであろう。

　テレワークをしている社員に対して，このレガシーシステムをあてはめてしまうと，この働き方の良さを活かせないことになる。社員としても，労働時間を厳格に管理されると，働き方が窮屈となり，余計なお節介となりかねない。Aくんも，残業代はきちんと払ってもらいたいものの，もし今後，成果をきちんと評価して支払ってくれるのなら，残業代にこだわる必要はないので，会社に労働時間の管理を厳格にされることは望まないだろうなと思った。

心配しすぎの法律？

　裁量労働制については，明智書店の社員たちが反対したように，ブラックな働き方を誘発する危険性がないとは言えない。割増賃金の支払いがなければ，会社が長時間労働を遠慮なくさせるようになるというのは単なる杞憂ではない。

　1998年の労働基準法改正により導入された企画業務型裁量労働制（2000年4月施行）が，ちょうど国会で審議されていたとき，有名な電通事件の裁判が話題になった。この事件は，入社2年目の社員

が過労によりうつ病となり自殺したというもので，本人に仕事の裁量を与えて働かせることの危険性を社会に知らしめることになった。1996年に，会社側の責任を認めて損害賠償を課す東京地裁の判決が出て，さらに1997年に出された控訴審でも，東京高裁は，会社側の損害賠償責任を認めた（ただし，社員側にも損害の発生や拡大に寄与する事情があるとして，損害賠償額は減額された）。

　こうした事情から，新たに導入されようとしていた企画業務型裁量労働制では，社員の健康確保にも万全を期すことが，会社に求められることになった。その流れが，2018年の法改正で2019年4月以降に導入された，前述の高プロにまで及んでいる。

　高プロは，厚生労働省のデータによると，2020年9月末時点で，労働基準監督署に届け出られた件数は22件であり，対象労働者数は858人である[12]（図表2-9）。業種の限定がある他に，年収要件（1075万円）もあり，多くの労働者には無関係な制度である。それだけでなく，適用対象業務に従事する社員がいても，会社はこの制度の利用にあまり積極的ではない。その主たる理由の一つは，制度の導入のため，社内の労使委員会の決議において，様々な健康確保措置をとると定めなければならないことにある（図表2-10）。

　以上に加え，1週間当たりの健康管理時間のうち40時間を超える

図表2-9　高度プロフェッショナル制度の業務別の適用対象労働者数

金融商品開発業務：2人
金融商品のディーリング業務：59人
アナリスト業務：30人
コンサルタント業務：762人
研究開発業務：5人

出典：厚生労働省「高度プロフェッショナル制度に関する届出状況」

図表 2-10　高度プロフェッショナル制度における健康確保措置

❶健康管理時間（事業場内にいた時間＋事業場外で労働した時間）の把握

❷休日の確保（年間 104 日以上，かつ，4 週間を通じ 4 日以上の休日の付与）

❸選択的措置（次のいずれかのもの）をとること

- (1) 勤務間インターバル（始業から 24 時間を経過するまでに 11 時間以上の継続した休息時間）の確保（11 時間以上）＋深夜業の回数制限（1 か月に 4 回以内）
- (2) 健康管理時間の上限措置（1 週間当たり 40 時間を超えた時間について，1 か月について 100 時間以内または 3 か月について 240 時間以内とすること）
- (3) 1 年に 1 回以上の連続 2 週間の休日を与えること（本人が請求した場合は連続 1 週間×2 回以上）
- (4) 臨時の健康診断（1 週間当たり 40 時間を超えた健康管理時間が 1 か月当たり 80 時間を超えた労働者または申出があった労働者が対象）

❹健康管理時間の状況に応じた健康・福祉確保措置（次のいずれかの中から労使委員会の決議で決めたもの）を講じること

- (1) ❸の選択的措置のなかで，❸で講ずることとされた措置以外のもの
- (2) 健康管理時間が一定労働時間（100 時間以下の範囲）の者に対する医師による面接指導（100 時間を超えれば面接指導は義務的）
- (3) 代償休日または特別な休暇の付与
- (4) 心とからだの健康問題についての相談窓口の設置
- (5) 適切な部署への配置転換
- (6) 産業医等による助言指導または保健指導

出典：労働基準法 41 条の 2 をおよび同法施行規則 34 条の 2

部分が 1 か月当たり 100 時間を超えた対象労働者については，医師による面接指導を行わなければならない。通常の労働者については，前述のように，医師の面接指導は，本人の申し出によるものだが，高プロの場合には，本人の申し出なしでも，会社は実施をしなければならない。

高度にプロフェッショナルな人材という理由で労働時間の規制を外したにもかかわらず，それによって健康を害することが心配だとして，健康確保のための措置を十分とるよう法律で義務づけているのは論理一貫していないようにも思える。規制を外すことの悪影響を心配してのことだろうが，これではせっかくつくられた制度も使いづらい（反対派は，使われなくてもよいと考えているのだろうが）。高プロの適用を受ければ，社員は労働時間の規制からは自由にはなるが，今度は健康規制でがんじがらめになるのである。

健康配慮義務

　もちろん，法律が健康確保措置に敏感であるのには，理由がないわけではない。前述の電通裁判は，最終的には，最高裁まで争われることになり，2000年に，会社の損害賠償責任を認める判決が出た。最高裁は，会社の責任について，次のように述べている▶13。

　「労働者が労働日に長時間にわたり業務に従事する状況が継続するなどして，疲労や心理的負荷等が過度に蓄積すると，労働者の心身の健康を損なう危険のあることは，周知のところである。」
　「使用者は，その雇用する労働者に従事させる業務を定めてこれを管理するに際し，業務の遂行に伴う疲労や心理的負荷等が過度に蓄積して労働者の心身の健康を損なうことがないよう注意する義務を負うと解するのが相当であり，使用者に代わって労働者に対し業務上の指揮監督を行う権限を有する者は，使用者の右注意義務の内容に従って，その権限を行使すべきである。」

　この判決は，上司（ひいては会社）には，部下の疲労や心理的負荷等が過度に蓄積しないように指揮監督をする際に注意する義務が

ある，と述べている。

　また高裁判決が，亡くなった社員側（本人および家族）にも損害の
発生や拡大に寄与する事情があったとした点については，次のよう
に述べている。

　「企業等に雇用される労働者の性格が多様のものであることは
　いうまでもないところ，ある業務に従事する特定の労働者の性格
　が同種の業務に従事する労働者の個性の多様さとして通常想定さ
　れる範囲を外れるものでない限り，その性格及びこれに基づく業
　務遂行の態様等が業務の過重負担に起因して当該労働者に生じた
　損害の発生又は拡大に寄与したとしても，そのような事態は使用
　者として予想すべきものということができる。しかも，使用者又
　はこれに代わって労働者に対し業務上の指揮監督を行う者は，各
　労働者がその従事すべき業務に適するか否かを判断して，その配
　置先，遂行すべき業務の内容等を定めるのであり，その際に，各
　労働者の性格をも考慮することができるのである。したがって，
　労働者の性格が前記の範囲を外れるものでない場合には，裁判所
　は，業務の負担が過重であることを原因とする損害賠償請求にお
　いて使用者の賠償すべき額を決定するに当たり，その性格及びこ
　れに基づく業務遂行の態様等を，心因的要因としてしんしゃくす
　ることはできないというべきである。」

　要するに，社員の性格は多様なので，通常想定される範囲を外れ
るほどの特殊な性格でないかぎり，本人がまじめすぎるといった性
格がうつ病を引き起こしたり，自殺に至らしめたりしたという事情
があっても，それを本人側の事情としてしんしゃくして，会社の損
害賠償額を減額してはいけないのである（事件は，損害賠償額を算定

し直すために高裁判決に差し戻され，その後に和解によって終結している）。

　過労や職場のストレスなどによる過度の心理的負担により精神障害が発生した場合には，労災保険の給付対象となる。ただ会社は，労災保険に加入している（これは政府によって加入が義務づけられている強制保険である）からといって，損害の負担を完全に免れるわけではない。労災保険でカバーされる補償額は決まっているため，社員側（死亡事案であれば遺族）が被る損害のすべてが補塡されるわけではないからである。その不足分は，社員側が，会社に対して損害賠償請求することができる。

　2007年の労働契約法の制定後は，それまでは判例で認められていた会社の安全配慮義務は，「使用者は，労働契約に伴い，労働者がその生命，身体等の安全を確保しつつ労働することができるよう，必要な配慮をするものとする」という規定として明文化された。そこでいう「その生命，身体等の安全」には「健康」も含まれると解されている。

　会社が，社員の健康に敏感に反応するのは，こうした法律の規定があり，何か健康面で障害が起きれば訴訟リスクがあることとも関係している。とくに精神的な健康は，外観からはわかりにくく，仕事ぶりをみて判断するしかないところがあるので，社員を監視しにくいテレワークの導入に慎重になるのは仕方がない面もある。

自己健康管理を助けるテクノロジー

　社員にとってみても，働き過ぎは避けられるならそのほうがよい。長時間労働になると，自分でも気づかぬうちに生産性が落ち，成果から遠ざかることもある。会社もこれではテレワークさせる意味がなくなる。そこで期待されるのがテクノロジーである。「ヘルス（健康）テック」を使うと，例えばバイタルセンシングによって，

疲労度などが可視化されて，自分の健康状況の把握は容易となる。AIが本人の生体データを分析して，疲労が蓄積していれば，パソコンの画面にアラートを出して，本人に気づかせるということもできる。「シエスタ（お昼休憩）をとりましょう」「ラジオ体操はどうですか」「コーヒーブレイクの時間ですよ」といった休憩のメッセージを出してくれるだけで，ずいぶん社員の健康意識は高まるだろう。

　そんなメッセージが出ても，本人が無視すれば意味がないとも言える。それなら会社のほうで，各社員のバイタルデータをできるだけ集めて，しっかり健康配慮措置をとったほうがよいというかもしれない。これは，会社にパターナリスティック（温情主義的）に社員の健康に配慮する義務を課す現在の法的な考え方にも整合的である。ただ，これによってほんとうに社員の健康は改善するだろうか。

　ここで留意しなければならないのは，そもそも社員の健康情報はプライバシーにかかわるという点である。そうした情報は，本来，できるだけ社員が自ら保有，管理して，本人に自身の健康状況を把握させ，それへの対応も自己責任でさせたほうがよいとも言える。もちろんこうした自己保健という考え方をとっても，会社が社員の健康問題から完全に免責されるわけではない。

　これまでの健康配慮義務論は，いったん健康障害が起きたとき，会社の補償責任がどうなるかに力点が置かれていた（前記の電通事件の裁判でも，そこが争われていた）。しかし，今日では，健康状況の可視化により，健康障害の防止に力点を置きやすくなっている。事後補償から事前予防へ，ということである。そこでいう健康には，もちろん身体的な疲労によるものもあるが，メンタル面のものも含まれる。テレワークでは，孤立感などによる精神的なストレスにも十分に気を付ける必要がある。このような事前予防の面で会社がや

るべきことややれることは，少なくない。

　まずは社員が自分で健康管理ができるようなテクノロジーの導入
から始めるべきである。社員が自分の健康データについて気軽に助
言をしてくれる相談窓口（あるいはチャットボット）を用意すること
も必要である▶14。社員が自分で健康状況の悪化を把握して，労働
時間の短縮や休暇を申請した場合にはこれを認めるという対応も検
討すべきだろう。このように，会社の健康配慮義務は，義務違反に
対する事後補償も大切だが，会社が社員の健康障害を予防するため
に何をすべきかという義務の内容を明確化することも大切である。

　こうした観点からは，社員は自分の健康はテクノロジーを使って
自分で管理する。それを会社がしっかりサポートする。こうした仕
組みの下で，仕事のオンとオフのメリハリをつけながら働く。これ
がテレワーク時代にふさわしい働き方だと言えるのだろう。

パターナリズムからリバタリアン・パターナリズムへ

　前述のように，会社に社員の健康配慮義務を課すのは，パターナ
リズム（温情主義）によるものである。それは，具体的にどういう
ことかについて，もう少しみておこう。

　労働者の健康は，政府が考えることではなく，当事者間の契約に
任せておいたらよいという考え方がある。この考え方はパターナリ
ズムの対極にある。近代経済学の父とされるアダム・スミスは，
『国富論』において，市場は人々の自由な取引に任せておけば，自
ずから社会全体の利益につながるとし，それは「見えざる手」によ
るものだと述べている▶15。このような考え方は，市場への政府の
介入を否定して，当事者の自由を重視するリバタリアニズム（自由
至上主義）にもつながっていく。

　私たちが労働契約・雇用契約を締結するのも，労働市場において，

労働という商品の取引をしているのであり，自由な取引に任せるべきとするリバタリアニズムによれば，労働法の規制なども不要ということになる。しかし，労働という商品は普通の商品（モノ）とは異なり，労働者という人間（ヒト）と不可分一体という特殊性がある。もしこの特殊性を無視すると，ヒトでありながらモノのように取引されていた奴隷と同じことになってしまう。したがって，労働市場には，労働者を守るために，政府が介入しなければならないとして，労働法が誕生したのである。この基礎にある考え方が，パターナリズムである。この言葉のもともとのニュアンスは，権力をもつ家父長が，その権力を配下の者の利益に配慮して行使するというものである。自由を重視して，権力の介入を排斥するリバタリアニズムとは対極的である。

　政府のパターナリズムに基礎をおく労働法は，社内で権力をもつ経営者に対しても，パターナリスティックに社員と接することを求める。会社に対して，健康配慮義務や安全配慮義務を課すのは，このためである。一方，自由や独立を求める社員には，こうしたパターナリズムは不要である。

　ところが最近では，リバタリアニズムとパターナリズムは二者択一ではなく，両者を融合させることができるとする議論もある。政府は，国民の自由な選択を保障しながらも，適切な方向に国民を誘導できるというのである。その基礎にあるのが，人間の脳には癖がある（バイアスがある）という認識である。経済学では，人間は経済的な利害に基づき合理的に行動することを想定してきたが，多くの人間は実際にはそのような合理的行動をとらない。行動経済学という新たな分野は，人間の行動が「脳の癖」に支配されることがあるという知見を基礎としている[16]。

　例えば，臓器移植に同意をするかどうかについて，「同意をする

人は，チェックを入れてください」という方式（オプトイン方式）と
「同意をしない人は，チェックを外してください」という方式（オ
プトアウト方式）がある場合，後者の方式をとったほうが，臓器移
植に同意をする人が増えることが明らかになっている。これは人々
の選択はデフォルト（初期値）に影響されるという「脳の癖」が関
係している。

　「オプトイン方式」と「オプトアウト方式」とはデフォルトが違
うだけで，どちらも臓器移植に同意するかどうかの判断の自由は保
障されている。したがって，どちらの方式をとっても，リバタリア
ニズムの立場からは支持することが可能である。しかし，もし政府
が，臓器移植の同意者を増やしたいと考えて，「オプトアウト方式」
をとった場合，人々をそのように選択する方向に誘導していること
も確かである（このような方法を，肘でつつくという意味の英語を使って
「ナッジ」という）。その意味では，パターナリスティックでもある
のである。そのため，こうした手法は，リバタリアン・パターナリ
ズムと呼ばれたりする▶17。

　社員の作業中に休憩のメッセージが出てくるような前述のヘルス
テックの手法は，休憩をとるかどうかは個人の選択に任せているが，
望ましい健康確保に誘導しているという点で，こうしたリバタリア
ン・パターナリズムの一種ということができる。このようにみると，
伝統的な労働法がパターナリズムに依拠しているのと比べて，政府
の緩やかな誘導を受けながら個人が自立的に選択して判断するとい
うリバタリアン・パターナリズムは，テレワークに適した健康管理
手法のように思われる。

4 技能の承継

採用選考も変わる

　コロナ禍の影響もあり，2021年春入社の就職活動は大きく様変わりした。リクルートスーツを着て会社訪問という姿が消えた。例年開かれている合同企業説明会のような会社と就活生との間の「集団見合い」もなくなった。その代わりに広がったのが，Web就活である。これなら1日に何社も回れるし，会社も多くの就活生に会うことができる。便利なようだが，相手について知りたい情報が十分に得られないもどかしさもあるようである。とくに会社は，書面からの情報を補完するものが，Web面接をとおして，視覚や聴覚から得られるものだけでは不安なところもある。もっとも，リアル面接で得られた情報は，個人の勘によって処理されることが多い。それがあまり当てにならないからこそ，AIを使って科学的に人事をやろうとする動き（HRテック）が注目されているのである。

　経団連が，新卒一括採用を止め，通年採用に移行し，ジョブ型社員の採用にシフトしようとしているのは，日本型雇用システムの大きな変革の動きを示すものである（⇒序章④）。日本の会社ではこれまで，正社員の確保方法としては，新規学卒者をそのポテンシャルに期待して採用し，長期的なビジョンの下に育成していくというスタイルをとってきた。これは日本独自のものであり，日本以外の国の会社では，欠員が出たときにそれを補充するために採用が行われ，そのため即戦力となる人材の採用となる（日本でも中途採用の場合は，こうした方法である）。

　ただ日本の会社においても，デジタルトランスフォーメーションのなかでの急速な技術革新が進むと，即戦力とならない人材を，じ

っくり時間をかけて育成していくという悠長な人事戦略をとる余裕がなくなっていくはずである。とりわけ会社がほしいと考えているのは，デジタル技術を活用できるスキルをもつプロ人材であり，これがジョブ型社員の採用を提唱する経済界の本音であろう。ジョブ型となると，会社のほしい人材のスペックはかなり明確となる。採用の時期も，会社の事業プロジェクトの展開に応じて随時行われるようになる。だから通年採用となる。労働者は，自分のスキルを発揮できる仕事の募集があるまで，じっと待機することになる。大学在学中に時間をかけて就活をし，卒業時にすぐに就職するのが当たり前という時代は，終わりを告げようとしている。

　働き手の側からすると，職歴があって自分のスペックが客観的な情報として提供できる人ほど，採用されやすく，転職もしやすくなる。リアル面接により得られる情報は，プロ人材の選考では優先順位は下となる。コミュニケーション能力があり，ガッツと情熱はあるけれど，客観的な能力証明が何もない（大学卒はその証明にならない）といった人材は，会社の採用選考に漏れていくであろう。

　テレワークを始める前の採用選考・就職活動の段階から，ICTのフル活用が始まっているのである。

暗黙知をどのように伝えるか

　このようにみるとWeb就活は，コロナ後もなくならず，むしろ標準的なものとなっていくであろう。このやり方のほうが，会社は，全国の優秀な人材をみつけやすくなるし，それにとどまらず国外からもそうした人材をみつけることができるであろう。これは働く側にとっても同じことで，日本中あるいは世界中のどこにいても，応募できるメリットがある。採用後の仕事もテレワークとなれば，社長にも役員にも同僚にもリアル空間で会ったことがないという社員

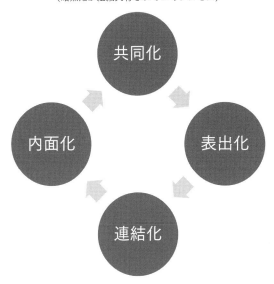

図表 2-11　野中郁次郎の「ナレッジマネジメント」
（暗黙知が組織共有されていくプロセス）

共同化

表出化

内面化

連結化

出典：野中郁次郎・竹内弘高『知識創造企業』▶18

が増えていくかもしれない。

　ただ，ここまでくるとやはり心配になるのが，新人への教育である。仕事の現場には，多くの暗黙知（情報）があり，それがうまく組織に共有され，継承されていくことが各会社の持続的な競争力を生み出してきた（図表2-11）。こうしたものが，テレワークでは伝わらないのではないかという懸念が出てくるのは当然である。即戦力のプロ人材でも，仕事のやり方などで先輩が教えるべきことはあるであろう。ましてや即戦力採用が一般的になるまでの間は，先輩が部下や後輩に教えることはたくさんありそうである。

　日本型雇用システムは，こうした職場での教育訓練による人材育成をその特徴としてきた。会社の教育訓練には，通常，OJT（On-

the-Job Training), Off-JT（Off-the-Job Training），自己啓発の3つの方法
がある[19]。OJTは，上司や先輩の指導のもとで，職場で働きなが
ら行われる訓練である。Off-JTは，仕事から離れて行われる訓練で，
集合研修がその典型例である。自己啓発は，本を読んだり，通信教
育やネットを活用したりして自分で勉強する方法である。

　社員への教育訓練とは，要するに，仕事に必要な情報を入手させ，
それを実践できる能力やスキルを習得させることである。Off-JTや
自己啓発は，現場以外で情報を得ることが中心だが，OJTは，まさ
に現場で情報を得て実践するものである。日本の会社の人材育成力
の源泉は，このOJTにあると言われてきた。

　先輩からアドバイスをもらったり，先輩のやり方を見よう見まね
で実行していったりできるのが，OJTのメリットである。OJTには，
現場で蓄積されてきたノウハウなどの暗黙知を，後輩に伝えていく
機能もある。テレワークとなると，OJTが難しくなるという懸念に
は，理由があると言えそうである。

　ただ，ICTの発達は，この懸念をかなり払拭できるかもしれない。
キーワードは，ポケモンGOでも有名なAR（拡張現実）である。今日，
ARを活用した遠隔作業支援が注目されている[20]。これは，作業現
場にいる後輩のすぐ横に，インターネットでつながっている先輩が
いて，音声や文字で仕事の指示をしてくれる。5G（5世代移動通信シ
ステム）が活用されると，こうしたARを活用できる環境は，ます
ます広がる。これならOJTが必要な現場に先輩がいなくても心配
ない。専門医がいない病院での遠隔手術だって可能である[21]。身
体を使う仕事でもそうである以上，デスクワークが中心のテレワー
クで，遠隔支援ができないわけがない。

ベテラン受難の時代

　暗黙知も含めた現場で蓄積されてきたノウハウなどの情報は，デジタル化されていくと，教育訓練という形での情報承継の必要性を低減させることになる。

　ホリエモン（堀江貴文）のベストセラー『多動力』の冒頭には，寿司職人が，修業を経験せずに，インターネットですでに公開されている情報を活用して開業し成功した例が紹介されている[22]。あらゆる情報がインターネットに集まる時代である。優れた仕事をするために，時間をかけて蓄積してきたノウハウ（情報）はあっという間に共有財産となり，これを基礎に創意工夫する後続者が，（つらい修業を経験せず）たちまち追い抜いてしまう，というようなことが起きている。ノウハウは，自分だけで抱え込もうとしても，誰かが一度インターネットに流してしまえば，ビジネス価値はなくなる（稀少性のきわめて高いノウハウであれば，門外不出の秘伝として徹底的に抱え込むか，特許権を取得して公開して対価をとることはできるかもしれないが）。インターネットの時代は，情報は抱え込むものではなく，公開してみんなで利用しながら，それをベースに切磋琢磨して新たな情報を生み出していくオープンイノベーションの時代なのである。これは，会社も，同じことである。

　私たちは，仕事をするとき，技能，知恵，ノウハウなどに関する多くの情報を活用する。これまでは，そうした情報をOJTなどによって現場で身につける必要があった。だから，勤続年数が自分より長い先輩は貴重な「先生」であった。新卒の新入社員は，先生から教わらなければ，何も仕事ができなかった。しかし，情報のデジタル化は，現場で指導する先生を徐々に不要とすることになろう。それどころか，作業のデジタル化が進行していくと，従来の仕事のやり方が時代遅れとなり，先生が教えることがなくなっていく（そ

れどころか，教えることは有害でもある）。むしろ新人のほうが，情報が豊富ということもあり得る。Zoom を使いこなせないベテランは，オンライン会議に参加できず，社内の最新情報から取り残されるなんてことにもなりかねない。

　日本型雇用システムの中心にあった年功型処遇は，単に年齢が高いから処遇が上昇するシステムではなく，これまでの仕事の経験が本人のスキルを高め，会社に貢献しているということに裏付けられたものである。地位と実力と賃金が比例しているからこそ，年功的な人事管理は持続可能であった。こうした上司や先輩がいて，若手社員は，彼ら，彼女らから仕事のやり方を教えてもらってスキルを磨く。それが繰り返されてきた会社だからこそ，厳しい競争のなかを生き残ってきて，現在の姿があるのである。明智書店でも，そうした伝統を生かして，人材を育成してきた。

　しかし，こうしたスタイルは今後は不要となるかもしれない。ベテランにとっては受難の時代となるが，会社にとっては，テレワークを導入していく際の懸念材料が，また一つ消えるということを意味している。

テレワークで新たな発想が生まれるか

　社員は，「島」のなかで机を並べて働くことがなくなると，同僚とのちょっとした雑談に刺激を受けて，新たな発想がわくというようなことも，ネット越しでは難しくなるかもしれない。日本の大部屋主義は，職務内容が曖昧な集団主義的な働き方の象徴であるが，人が集まることで新たな発想を生み出し，生産性を高める効果もあったっはずである。プロジェクトの企画立案のときのブレイン・ストーミングも，リアル空間でアイデアを出し合うのに適しているかもしれない。創造的な仕事では，多くの人の知恵を集めることは効

果的である。

　だからといって，これがテレワークを否定する理由には直結しない。そもそも雑談は，ネット越しでも可能である。前述したようなVR会議を導入すれば，ブレイン・ストーミングだって，リアル会議と変わらないようにできる。むしろリアル空間では遠慮がちだった参加者が，オンラインなら積極的に意見を出せるという話もある。上司や先輩の威圧が，オンラインになると軽減するからであろう。

　会議をリアルでやるべきかどうかは，会議の目的により異なる。例えば，出版社において，新しい書籍の企画を出すための会議はどうであろうか。あるテーマについて既存の書籍がどの程度あるかといった基本的な情報は，出席者がすでに共有しているであろう。大切なのは，こうした共有情報に加えて，参加者各人が頭のなかに抱えている情報を出し合うことである。会議の効用は，他人の情報を得る機会をもつことにより，自分のもつ情報が広がり，新たなアイデアが生まれる基盤が作られることにある。そして，情報の交換だけを目的とする会議であれば，ICTが発達している現在，必ずしもリアル空間に集合して行う必要はない。

　これに対して，皮膚感覚のようなものが大切な会議は，リアル空間に集合して行う必要があろう。それは，視覚や聴覚だけでは伝えきれない情報を交換する場だからである。ただ普通の会社で，そのような皮膚感覚の情報の交換を要する会議は，それほど多いとは思えない。

　社員の親睦のためには懇親会が不可欠だから，それはリアルでやらなければならないと思っている上司も多いようである。でも部下は，それならオンライン飲み会で十分と思っているであろう。上司には物足りなくても，部下は，リアル飲み会は，仕事と無関係で忌憚のない会話ができる親しい友人や家族・恋人との間でやりたいと

思っていることであろう。

　実はＡくんも，上司との飲み会はあまり好きではなかった。最後は，誰かの悪口とか社内のゴシップのような話で盛り上がるだけで，あまりそういうことに興味がなかったからである。とはいえ，後輩と腹を割って打ち解けて話したいと思うようなときには，酒を酌み交わして飲むのも悪くないと思っていた。Ａくんは，自分であれば，意味のない話はせず，後輩にとって，ためになることだけを話すつもりだから問題はないと思っていた。ただ，よく考えみてみると，先輩たちも同じように考えていたのかもしれない。自分は先輩たちと違うというのは思い込みにすぎなくて，後輩たちからすると，かつて自分が嫌がっていた上司と同じようなことをしようとしているのかなという気もしていた。

▶参考資料
1　厚生労働省「モデル就業規則」（令和3年4月版）：https://www.mhlw.go.jp/content/000496428.pdf
2　厚生労働省の出している「テレワークガイドライン」（正式には，「テレワークの適切な導入及び実施の推進のためのガイドライン」）：https://www.mhlw.go.jp/content/000759469.pdf
3　「コロナ後もテレワーク，『オフィス消滅』企業が続々」（ITmedia 2020年5月25日）：https://www.itmedia.co.jp/business/articles/2005/25/news034.html
4　総務省「Beyond 5G推進戦略―6Gへのロードマップ―」の公表（令和2年6月30日）：https://www.soumu.go.jp/menu_news/s-news/01kiban09_02000364.html
5　「本人そっくりアバターで参加，NTTデータがVR会議」（日本経済新聞電子版2019年8月20日）：https://www.nikkei.com/article/DGXMZO48747570Q9A820C1000000
6　「アバターが出勤　『社内断絶』に挑む富士ソフト」（日本経済新聞電子版2020年11月17日）：https://www.nikkei.com/article/DGXMZO66129780S0A111C2000000
7　厚生労働省「時間外労働の上限規制　わかりやすい解説」：https://www.mhlw.

go.jp/content/000463185.pdf

8　働き方改革実現会議決定「働き方改革実行計画（概要）」（2017年3月28日）：
https://www.kantei.go.jp/jp/headline/pdf/20170328/05.pdf

9　厚生労働省「労働時間の適正な把握のために使用者が講ずべき措置に関する
ガイドライン」（2017年1月）：https://www.mhlw.go.jp/file/06-Seisakujouhou-
11200000-Roudoukijunkyoku/0000149439.pdf

10　「チャールズ・チャップリン〜モダン・タイムス｜*Modern Times* 1936年・
ドラマ／コメディ」：https://www.youtube.com/watch?v=gRm0sz6lNLQ

11　厚生労働省「令和2年 就労条件総合調査」の労働時間についての結果の概
要：https://www.mhlw.go.jp/toukei/itiran/roudou/jikan/syurou/20/dl/gaiyou01.pdf

12　厚生労働省「高度プロフェッショナル制度に関する届出状況」：https://www.
mhlw.go.jp/content/000621159.pdf

13　大内伸哉『最新重要判例200労働法（第6版）』（弘文堂，2020年）の第122
事件

14　「パソコン搭載カメラで従業員のストレスを測定」（日本経済新聞電子版
2019年4月1日）：https://www.nikkei.com/article/DGXMZO43168690R00C19
A4000000

15　アダム・スミス『国富論 I』（大河内一男監訳，中公文庫，1978年）

16　大竹文雄『行動経済学の使い方』（岩波新書，2019年）

17　リチャード・セイラー＝キャス・サンスティーン『実践 行動経済学』（遠藤
真美訳，日経BP社，2009年）

18　野中郁次郎・竹内弘高『知識創造企業』（梅本勝博訳，東洋経済新報社，
1996年）

19　今野浩一郎・佐藤博樹『人事管理入門（第3版）』（日本経済出版，2020年）

20　NEC「遠隔業務支援システム」：https://www.nec-solutioninnovators.co.jp/sl/
remote/index.html

21　「世界中の患者にリモートで最良の手術を：あるスタートアップが手がけた
AR手術支援システムの実力」（WIRED 2020年6月1日）：https://wired.
jp/2020/06/01/proximie-remote-surgeons/

22　堀江貴文『多動力』（幻冬舎，2019年）

.

第 3 章

フリーワーカーにとってのテレワーク

1 会社員は消えていく

人間は何をして働くのか

テレワークという働き方は，どこでどのように働くのかに関係するものであるが，今後より重要となるのは，テレワークでどのような仕事をするのかである。なぜ，それが重要かというと，今後，人間のやる仕事の多くが機械に代替されてしまうと言われているからである。

2013年にオックスフォード大学の研究者が，職業（ジョブ）ごとに，コンピュータによる処理されやすさのランキングを発表したとき，世界中に衝撃を与えた[1]。「AIが仕事を奪う」可能性が数字で明確に示されたからである。これの日本版を野村総合研究所が発表したときもまた国内で大いに話題となった（図表3-1）。

日本型雇用システムの下では，社員の雇用はジョブを基本としていないので，特定のジョブがなくなったからといって，ただちに解雇につながるわけではない。しかしプロフェッショナルな職業のなかには，その存続が危ぶまれるような数字が出されているものもあるし，また会社員であっても事務職は全般的にコンピュータ化されやすいことが示されているので，多くのホワイトカラーに影響が出そうであった。

図表 3-1　機械による代替可能性

● 事務

- 経理 99.8％，銀行窓口 99.4％，生産現場 99.3％，人事係 98.8％，行政（県市町村）97.9％，行政（国）97.2％

● 士業

- 税理士 92.5％，公認会計士 85.9％，社会保険労務士 79.7％

● 法曹

- 裁判官 11.7％，弁護士 1.4％

● 医師

- 精神科医 0.1％

出典：野村総合研究所『誰が日本の労働力を支えるのか？』（東洋経済新報社，2017 年）

図表 3-2　職業の特徴からみた AI 代替可能性

● AI によって代替されにくい職業

- 芸術，歴史学・考古学，哲学・神学など抽象的な概念を整理・創出するための知識が要求される職業
- 他者との協調や，他者の理解，説得，ネゴシエーション，サービス志向性が求められる職業

● AI によって代替されやすい職業

- 必ずしも特別の知識・スキルが求められない職業
- データの分析や秩序的・体系的操作が求められる職業

出典：野村総合研究所「日本の労働人口の 49％が人工知能やロボット等で代替可能に」▶ 2

　とくに注目してみておく必要があると思ったのは，特定の職業の運命がどうなるかだけでなく，どういう特徴をもった職業が AI によって代替されにくいのか，どういう特徴をもった職業が AI によって代替されやすいのかである（図表3-2）。

　特別の知識やスキルが求められず，マニュアル化できる仕事は，AI によって代替されやすいし，また特別の知識やスキルが必要であっても，体系的な操作が求められるものは，機械的処理に適して

いるので，やはりAIによって代替されやすい。前者の典型は事務系の仕事であり，後者の例としては，国家試験によって資格を取得する士業を挙げることができる。税理士や社会保険労務士の代替率が比較的高いのは，後者の例にあたるからであろう。

　一方，弁護士は代替率が低いが，これはすべての弁護士が安泰ということを意味するのではない。いまある弁護士の業務においても，例えば，法律相談において，法律の知識や過去の判例のデータに照らした返答内容がある程度，定型的なものになっていて，過去の類似事例が多いものであれば，人間がやらなくても，AIを使ってチャットボットで対応できると言われている。解雇の有効性が裁判で争われたときに，労働者が勝訴できるかどうかについても，膨大な過去の裁判例をAIが分析すれば予測できそうである。そうしたソフトが開発されれば，ベテラン弁護士よりも信頼が置けるものとなるかもしれない。逆に，これまでになかったような新たなタイプの紛争が起きた場合には，過去のデータは使えないので，文字どおり「機械的対応」はできず人間の出番となるだろう。そういうところで腕を振るえる弁護士は，AI時代でも生き延びていけるだろう。

　ここからわかるように，マニュアル化ができない非定型的な仕事であり，その場に応じた具体的な判断が求められるようなタイプの作業はAIにはまだ難しい。これは要するに業務の難易やそれが複雑か単純かに関係なく，知的創造性が求められる仕事といってよいであろう。「他者との協調や，他者の理解，説得，ネゴシエーション，サービス志向性が求められる職業」も，他者の言動や感情に応じた判断が求められるもので，そこでよい成果を上げようとするならば，知的創造性が必要となるのである。

　Aくんは，AIによって仕事が代替されるといっても，代替されない仕事も残されているので，それほど悲観的にならなくてもよい

と思っていた。ただ，もしいま自分がやっている仕事がAIによって代替される可能性があると指摘され，これからは知的創造性が必要だといきなり言われると，困惑してしまうだろうなと思った。

棚卸しされるホワイトカラーの仕事

　デジタルトランスフォーメーションが進むなか，会社は，業務の効率化を進めるため，どうしてもデジタル技術を活用して対応できない業務は人間の手でやるが，それ以外の業務はデジタル技術を活用していくことになるであろう。こうした業務の棚卸しは，業務の「スマート化」と言われていて，すでに一部の会社では着手されている（⇒序章④）。店舗で，客を集めて行っていた業務が，オンラインで同様のサービスを提供して行うようになるのも「スマート化」の一例である。金融機関も，口座はオンライン上のものが増え，融資の審査もAIが行うようになってきている。このように人間の手を介さないサービスが増えてきており，今後は，こうした現象が多くの会社で広がっていくことが予想される。

　仕事の機械化は，工場での身体を使った肉体労働が，産業用ロボットなどの機械によって置き換えられるといったことであれば，比較的想像がつきやすいし，オフィスでパソコンを使った業務も，作業手順が決まっていればRPA（Robotic Process Automation）のようなソフトによって代替できるということも何とか想像がつく。ただ，自分のいまやっている仕事は，もう少し手の込んだものであると自信をもっている人も多いであろう。そういう人は，自分の仕事が，そう簡単にはAIによって代替されないだろうと考えてもおかしくはない。しかし，これが危険な錯覚のようなのである。

　例えば，回転寿司店では，廃棄ロスを減らすことが，利益率に大きく影響する。レーン上に，いつまでも客に選ばれずに回り続けて，

廃棄される寿司ネタが出てくることはどうしても避けられないが，客がどのようなネタをとるかが事前に予測できれば，廃棄ロスを減らすことができる。ベテランの店員であれば，時間帯，客層，天候，地域の特性などから，経験と勘によって，ある程度の予測をすることができる。ところが，AIなら，こうした予測をこのベテラン店員よりはるかに正確に行うことができる▶3。これは一例だが，データが豊富にあって，何が正解かがはっきりしていることであれば，AIによる予測の精度には，どんなベテラン社員であっても勝てないのである。

予測をするというのは，きわめて高度な作業と言えそうであるが，それですら，AIの優位が確立しつつある。ましてやマニュアル化が可能な定型的な業務となると，機械による代替可能性は高くなり，そう遠からずその業務から人間は駆逐されるであろう。コンビニエンスストアの省人化がすでに進みつつあるのも，ごく当然の成り行きである。

ホワイトカラーは一般に高い給料をもらっている比較的高級な仕事とされてきた。もっとも，ホワイトカラーの業務は，従来，本人に任せられている部分が多く，上司ですら十分にその業務内容を把握していないことがあった。ところが，業務を把握して可視化してみると，意外に定型的な業務が多いということが明らかになってきた。だから前述の野村総合研究所のデータでも機械による代替率が高いという結果がはじきだされたのである。このことは，機械化の可能性という視点でみれば，ホワイトカラーも，コンビニエンスストアのアルバイト店員も，基本的には大きな違いがないことを意味している。

アルバイト店員の仕事が機械によって代替されても社会問題とはならないだろうが，ホワイトカラーの仕事が代替されていくと深刻

な社会問題となりかねない。

機械化とはどういうことか

　Ａくんは，明智書店の先輩や同僚は，ここまでみてきたような
AIやロボットが仕事を奪っていくことへの危機感をそれほどもっ
ていないような気がした。確かに，明智書店には，様々な優れたノ
ウハウの蓄積がある。過去の例に照らして，「こういう問題は，こ
ういうようにやればよい」というようなことは，先輩たち一人ひと
りが経験をとおして身につけており，それが後輩に継承されてきた。
ただ，その多くはデータ化できるものなので，コンピュータに蓄積
され，AIによって解析して対処することができれば，そのほうが
効率的である（⇒第２章④）。

　ただ理屈のうえでは，こうしたことは理解できるものの，どうし
てもピンときにくい面もある。一つは，自分がいまやっている仕事
が，そのまま機械が変わってやることをどうしても想像できないこ
とが関係している。もっとも，これは想像の仕方が間違っている可
能性がある。よく言われているのは，例えば駅の改札が機械化され
たとき，駅員のやっていた作業（はさみで穴を開ける入 鋏 作業）を
ロボットがやるという形で機械化されたのではない。こうした機械
化であれば簡単ではなかったであろう。しかし，実際に行われたの
は，自動改札機で読み取って確認する方法である。このように機械
化とは，人間の行っていたことをそのまま機械化するのではなく，
機械を使って同じ目的や機能を実現することである。このような視
点で，業務の再点検をすると，機械を使うことによって，それまで
の人間の手作業より，はるかに効率的に作業目的を達成できること
が多いことを発見できるであろう（そのためには，機械に何ができる
かということを，経営者のほうがよく知っておかなければならないのだが）。

雇用保障は幻想？

　それでも，正社員という地位にある以上，技術革新が進んだくらいでは，クビになったりするわけがない，と考える人も多いであろう。大きな不祥事でもしでかさないかぎり，雇用は保障されるというのが，これまでの日本の雇用社会の常識であった。こうした雇用保障をはじめとする安定した地位があるからこそ，正社員となることをめざして，つらい就職活動を必死にがんばったのである。

　Aくんはこう思ったものの，正社員の雇用保障には，どこまでしっかり法的な根拠があるのかを確認してみる必要があると思った。正社員のリストラということも耳にしたことがあるからである。

　調べてみると，法律上は，会社が正社員の解雇をしてはならないということは，どこにも定められていないことがわかった。解雇に関する法律（労働契約法）の規定は，次のようなものである。

　　「解雇は，客観的に合理的な理由を欠き，社会通念上相当であると認められない場合は，その権利を濫用したものとして，無効とする。」

　この条文は，逆の論理でみてみれば，客観的に合理的な理由があり，社会通念上相当であると認められれば，有効とする，ということである。つまり，法律上は，きちんとした理由のある解雇であれば許されるということであろう。

　解雇には，本人の非行，能力や適性の著しい欠落，復職不能の病気やケガなどを理由とするものもあるが，会社の経営上の理由による解雇というものもある。これは整理解雇と呼ばれる。整理解雇は，社員側に非がないものなので，その有効性は他の理由の解雇よりも厳格に判断すべきと考えられてきた。それを示すのが，「整理解雇

図表3-3　整理解雇の4要素（要件）

❶ 人員削減の必要性があるか
❷ 解雇回避のための努力を尽くしたか
❸ 解雇される社員の選定基準が適切か
❹ 解雇される社員（あるいは，その社員が加入している労働組合）との間の協議がきちんと行われたか

の4要素」（あるいは「整理解雇の4要件」）と呼ばれるものである。これは，整理解雇の有効性が争われたときに，裁判所が考慮すべきとされている事情である（図表3-3）。

　実はきちんとした理由がなければ解雇はできないというルールは，長らく法律では定められていなかった。むしろ期間の定めのない継続的な契約は，当事者が一定期間の予告を置いたうえであれば，いつでも自由に解約できるというのが，契約の一般原則であった。しかし，社員から契約を打ち切る自由（辞職の自由）はともかく，会社から契約を打ち切る自由（解雇の自由）のほうは制限しなければ社会的に問題があることから，裁判所は，「権利の濫用を許さない」という一般的な法原則を解雇にあてはめた事件を処理するようになり，それが積み重なり，解雇権濫用法理として確立することになる。この法理は，1975年に最高裁判所によって認められ（日本食塩製造事件。大内（2020）を参照）▶4，その後，前述した法律の条文として明文化された（最初は2003年に労働基準法で定められ，2007年の労働契約法の制定にともない同法に条文が移動した）。

　解雇権利濫用法理は，昭和30年代以降の高度経済成長期において形成されたもので，当時は失業者がほとんどいない完全雇用の時代であった。解雇は，重大な非違行為をした社員に対して行われる懲戒解雇を除くと，きわめて例外的な現象であった。1973年に起

きた石油ショックのときも，会社は正社員の解雇を極力回避しようとした。そうした会社の雇用保障に対する強い姿勢が，社会的な相場観を形成し，前記の整理解雇の4要素に反映されているのである。その意味で，整理解雇について，裁判所が有効性の判断を厳格に行うのは理由のないことではなかった。

　しかし，デジタルトランスフォーメーションが進み，会社間の競争が激化し，デジタル技術に対応できなくなった社員をどうしても抱え込むことができなくなった会社が，やむを得ずに解雇に至ったというような状況を想定すれば，裁判所はその解雇を有効と判断する可能性は十分にある。大きな産業転換のなかで人員削減の必要性はあるし，会社が求める人材が大きく変化するなかで他の部署で雇用を継続するなどの解雇回避措置をとることができず，被解雇者として選定されるのはやむを得ないと言える状況があれば，あとはきちんと協議手続さえ踏めば解雇が有効と判断されるかもしれないであろう。

　もちろん，最終的な判断は，個々の裁判官に委ねられている。もし，裁判官がこうした解雇であっても，無効と判断して，会社にその人材を抱え込むよう命じれば，しばらくは失業が増えず，社会不安を回避できるであろう。政府も助成金などで，解雇を避けて雇用維持に尽力した会社を支援するかもしれない。とくに選挙が近くなると，政府は，解雇や失業という国民が敏感に反応するテーマについて，国民受けするポピュリスティックな政策をとりがちである。

　ただおそらくは，それは一時的な延命措置にすぎないのではなかろうか。会社が生きながらえるには，収益性を高める必要があるはずである。新たな技術に適応できない人材を抱え込んでいる会社に，それを期待することは難しいように思われる。こうした人材を抱え込んでいれば，最終的には，倒産や廃業は避けられなくなり，そう

なると社員は全員が路頭に迷うことになってしまう。つまり，目先の安定をとることよって，より大きな被害を招くことになるのである。こうした事態を避けるために必要なのは，解雇を制限することではなく，解雇されても，社員の経済的打撃ができるだけ小さくなるようにすることである。例えば，職業訓練を充実させて，労働力が不足しがちな成長産業で仕事を見つけることができるようにするというのは，大きな雇用不安が起きないようにするための重要な政策となるであろう。

　社員への十分な金銭補償をすれば，会社が解雇をするのを認めるべきとする提言も出されている[5]。金を払えばクビにできるという安易な策を企業に認めるべきではないという批判もあるようだが，この提言の真意は企業の人員整理の必要性に配慮しながら，同時に解雇される社員の生活保障も考えるというものであり，むしろ産業の大規模な構造転換があるなかで，今後の政策として注目すべきものであろう。

外部人材の活用

　人間の仕事が，AIやロボットなどの機械によって置き換えられていくという大きなトレンドがあるとはいえ，具体的にそれがどのように進行するかは，各社が，デジタルトランスフォーメーションにどれだけ取り組むかにかかっている。明智書店においても，いますぐに経営者たちが，デジタル化を推進し，AIなどを導入していくという感じではない。Aくんの先輩たちの危機感の薄さの原因は，このことも関係している。

　かりに明智書店は，しばらくはこれでやっていけるとしても，日本全体を見渡すとどうであろうか。いわゆる第4次産業革命が進行するなか（図表3-4），産業界はデジタル技術を活用したビジネスモ

図表 3-4　第 4 次産業革命

❶実社会のあらゆる情報が，データ化され，ネットワークで繋がることにより，自由にやりとり可能になる（**IoT**）。

❷集まった大量のデータをリアルタイムに分析し，新たな価値を生む形で利用可能になる（**ビッグデータ**）。

❸機械が自ら学習し，人間を超える高度な判断が可能になる（**AI**）。

❹多様かつ複雑な作業についても自動化が可能になる（**ロボット**）。

出典：経済産業省の産業構造審議会の「新産業構造ビジョン～第 4 次産業革命をリードする日本の戦略～」（中間整理）▶6

デルを打ち立てることができなければ，競争に負けていく可能性が高い。とりわけ国際競争にさらされている業種では，このことがあてはまる。

　経営者のこれまでの成功モデルは通用しなくなるであろう。新たなビジネスモデルを推進していくうえで必要とされる人材とは，データの処理や分析のような技術的スキルをもつ人材だけなく，データをどう利用するか，AI で何を分析するかといった企画面において，創造的なアイデアを提供できる人材となるであろう。こうした人材は，前述したような AI によって仕事を奪われないジョブに従事する人たちでもある。

　では，こうした人材は，社内にどれだけいるのであろうか。経営者の指示に従い忠実に業務を遂行してくれてきた人材は，これまでは重宝されたが，今後はお荷物になりかねない。こうした人材は，その業界や企業の常識に精通し，それに照らした判断ができて手堅いが，そうした常識ゆえ，かえって先例に縛られてしまい，新しい価値を生み出すうえでの妨げとなるおそれがあるからである。そのため，会社は，外部の人材を頼らざるを得ないという事態が生じる。

　ヤフーが，サービスの企画立案などの業務に従事するハイスキルの人材を，業務委託契約を結んで受け入れることにしたのも，この

ためかもしれない。募集対象は，他社に在籍する人材にも及んでいる。つまり，副業として働いてくれてもよいということである。ヤフーは，そこでの働き方は原則としてテレワークでもよいとしている▶7。ヤフーが求めているのは，おそらく業務に関する高度な情報であろうし，それはICT（情報通信技術）を使えばリモートでも提供できるものなので，テレワークでよいのであろう。会議が必要なときはオンラインでやればよい。

　現在，社員をテレワークでうまく活用できている会社は，リモート環境で直接的な指揮命令ができないなかでも，社員にインセンティブを与え，きっちり成果を出させることができる会社である。そのような会社であれば，その社員をフリーとして働かせることにも，それほど無理がなかろう。テレワークと自営的な働き方・働かせ方は相性がよいのである。

タニタの挑戦

　体重計で有名なタニタが，正社員の契約から業務委託契約への切り替えを推進している▶8。「偽装自営業者」ではないかと疑う声もあったようだが，あくまで社員の希望に応じて行うということなので，ブラックな要素はない。むしろ安定しているが拘束性の強い働き方をしてきた正社員に，自由と刺激を与えることが，新たな人材活用の方法として望ましいという経営判断がなされたようである。

　社員からみると，フリーになることのメリットは，文字どおり自由になれることである。「自営業主」という言葉からわかるように，一国一城の主（あるじ）となれる。時間も自分が好きなように使える。別の仕事をする際に会社の副業許可を得るといったことも必要なくなる。しかし，自由の代償として，安定性はなくなる。正社員からフリーワーカー（個人で従業員を雇わずに自営で働いている人を，そう呼ぶこと

にする）への転身はよほどの自信と覚悟がなければできないであろう。

　会社としては，社内に取り込んで指揮命令により働かせる必要があれば社員として雇用するし，指揮命令しなくても，その成果だけを受け取ればよいと判断すれば，業務委託契約を結ぶことになる。雇用というのは，働くほうも大変だが，働かせるほうも大変である。雇用となると，成果がどうあろうが，固定的な賃金を支払わなければならず，その負担は重い。成果主義を導入して，業績不振のリスクを社員に転嫁する方法もある（ボーナスはその一例である）が，それにも限界がある。雇用には，社会保険料などの事業主負担もある。だから現在の社員のなかでも，指揮命令しなくてもきちんと成果を出すことができる意欲と能力のある人材であれば，会社のほうから，フリーワーカーへの転身を勧めるのは合理的な経営判断と言えるであろう。

BPOのインパクト

　近年，BPO（ビジネス・プロセス・アウトソーシング）という言葉を耳にすることが増えている。これは，業務プロセスの外部委託という意味である。会社が，コア業務に経営資源を集中するために，残りの業務を外部化するというのがBPOの典型例である。従来は，関連する業務はできるだけ会社の組織内にとりこんで統制下においたほうが効率的に事業を遂行できると考えられていた。しかし，ICTの発達により，組織に取り込まなくても効率的な統制がとれるようになった。むしろ，変動する社会のニーズに対応して，柔軟かつ機動的に事業展開ができるようにするためにも，組織はスリム化したほうがよいと言える。

　BPOにより，垂直的に統合されていた会社のバリューチェーン

は分散され，複数の会社（あるいは個人）が水平的にネットワークを形成していくようになる。法務や経理のようなバックオフィス（間接部門）はAIを活用した自動化も可能だが，費用が高く付かなければBPOを選択する会社も多いであろう。広報部門なども，例えばホームページやロゴの作成など芸術的センスが必要なものは，外部のプロフェッショナルに発注したほうがよいことが多いであろう。そのほかにも，社内の通常業務を洗い出していくと，社員にやらせなくてよいものが意外と多いことがわかるであろう。様々な分野でスキルを磨いているフリーワーカーたちに可能性があるのは，そのためである。

フリーワーカーか会社員か──つきつけられる選択肢

　今後は，フリーワーカーとなるか，それとも会社員のままでいるか，という選択肢を社員につきつける会社が増えるかもしれない。確かに，前述のヤフーのような試みは，現時点ではまだ，副業的な働き方の一例という形で報道されるにすぎない。ハイスキルの人材は，どこかの会社ですでに雇用されている会社員であることが多いからであろう。しかし，こうした人材の需要が増え，その報酬も上がっていくと，どの会社にも所属しないフリーワーカーが増え，ハイスキル人材の中核層を形成していく可能性も十分にある。これまでは業務委託契約でフリーワーカーを活用しようとすると，「偽装自営業者」をつくりだして，労働法の責任を回避しようとしているのではないか，という社会からの批判を受けるおそれがあったため逡巡していた会社も，タニタの成功に勇気づけられるかもしれない。

　社員側からすると，フリーワーカーとして独立できるのは，現時点では，それなりのスキルをもっている人材だけである。多くの社員は，正社員の地位を捨ててまでして独立する勇気はなかなかもて

ないであろう。ただ，AIによる仕事の代替が広がっていくことが，それがいつかはともかく確実に起こることである以上，会社員として働き続けることはリスクが大きくなってきている。フリーワーカーを選択することは，決して無謀な賭けではないであろう。

それどころか，フリーワーカーとして，自宅やサテライトオフィスで，様々な会社や個人と業務委託契約を締結しながら，テレワークをしていくという働き方には，より積極的な意義があると言えるかもしれない。例えば，フリーワーカーであれば，どれだけ仕事を受託するかは，自分で決めることができる。これは会社員のように指揮命令されないからこそできることである。ワーク・ライフ・バランスの実現もしやすい。もちろん，経済的な面では，月例賃金という固定的な給与の支払いがある会社員と違い，不安定となるのは避けられない。ただ，不安定さはチャンスと表裏一体である。自分の実力次第で大きく稼げる可能性があるのは，自営で働くからこそである。時間や場所の自己決定権を享受して，自分の能力で勝負する働き方をとるか，それとも会社に隷属して安定的な給与を選ぶか。それは個人の生き方にかかわることだから，他人がとやかく言うことではないかもしれない。

しかし，次のようには言えそうである。苦しい通勤を続け，会社に滅私奉公しても，その会社がいったいどれだけ自分に報い続けてくれるか確信がもてない時代である。名だたる大企業だって10年後には存在していない可能性は十分にある。

こう考えてきて，Aくんは，会社に頼れないとなったとき，頼れるのは誰だろうか，と不安になってきた。まずは自分がしっかりしなければならないが，こういうときこそ，政府が助けになってくれなければ困る。しかし，政府は，どこまで頼りになるであろうか。政府は，フリーワーカーたちをどこまでサポートしてくれるのであ

ろうか。Aくんは，この点についても調べてみることにしたが，その前に，フリーワーカーになると，様々な保障がどのように変わるのかを調べてみる必要があると思った。

② セーフティネットの格差

保障が手厚い会社員

　会社員からフリーワーカーの世界に飛び込もうとするとき，会社員としての保障がなくなるのは覚悟のうえである。そうであっても失敗したときのセーフティネットがあれば心強いのは言うまでもない。サーカスの綱渡りだって，セーフティネットがあるからこそ，勇気をもって大胆に踏み出していける。

　「働き方改革実行計画」（2017年3月）のなかの「柔軟な働き方がしやすい環境整備」では，非雇用（自営）型テレワークについての政策課題として，「働き手へのセーフティネットの整備や教育訓練等の支援策について，官民連携した方策を検討し実施する」（下線は筆者）ことが挙げられていた。これはテレワーク固有の問題ではなく，自営で働くフリーワーカー全般に共通する問題でもある。

　「働き手へのセーフティネット」というと，やはり会社員には手厚い保障があり，セーフティネットが充実しているというイメージがあるし，実際にもそのとおりである。会社員のままでいれば，あまり気づいてなかったかもしれないが，自分が会社員でなくなった場合のことを想像すると，そのありがたさを自覚するであろう。

　例えば，第1章でみたように，雇用で働く会社員と自営で働くフリーワーカーとでは，労働法が適用されるかどうかに大きな違いがある。労働法が適用されると，例えば次頁のような法的保障がある（図表3-5）。

図表 3-5　会社員（労働者）の法的保障
（正社員・非正社員を問わない）

- 労働時間の上限規制・割増賃金

- 年次有給休暇

- 使用者の責めに帰すべき休業の場合の賃金保障（休業手当）

- 国籍，信条，社会的身分，性別，障害による差別の禁止

- 仲介者の中間搾取禁止

- 契約不履行に対する違約金約定の禁止

- 解雇や雇止め（有期契約の更新拒絶）の規制

- 賃金支払方法（通貨，直接，全額，一定期日，月に1回以上払い）

- 最低賃金の保障

- 安全衛生

- 母性保護（産前産後休業など）

- 年少者保護

- 育児休業・介護休業　　　　　など

　これらは契約の内容にかかわる保障であり，紛争が起きたときに解決のサポートをしてくれる窓口もある（都道府県労働局）し，裁判所でも迅速な手続が用意されている（労働審判）。悪質な会社には労働基準監督署から是正指導が入ることもあるし，さらに悪質であれば刑事事件になることもある。フリーワーカーには，基本的には，こうした保護システムは適用されない。

　また，労働組合を結成する団結権も，労働者にしか認められていない。ただし，一定の要件を満たすフリーワーカーは，特別に（労働組合法上の）労働者と認められて，労働組合をとおして，契約条件などの交渉ができる場合がある。実際，最高裁は，楽団のオペラ歌手や住宅設備機器の修理を担当するカスタマー・エンジニアらについて，労働組合に加入して団体交渉で待遇改善を図ることを認め

図表 3-6　フリーワーカーが労働組合を結成して
団体交渉を求める権利が認められるのに必要な要素

フリーワーカーが，相手企業の事業の遂行に必要な労働力として，その組織に組み入れられていること
フリーワーカーの契約の内容が，相手企業が一方的に決定していること
フリーワーカーに支払われる報酬が，労務の提供の対価としての性質を有すること
契約当事者であるフリーワーカーと相手企業の認識や契約の実際の運用において，個別の業務の依頼に応ずべき関係にあること
フリーワーカーが，相手企業の指定する業務遂行方法に従い，その指揮監督の下に労務の提供を行っており，かつ，その業務について場所的にも時間的にも相応の拘束を受けていること
フリーワーカーが独立の事業者としての実態を備えていると認めるべき特段の事情がないこと

＊ 2011 年の INAX メンテナンス事件の最高裁判決[9]，2011 年のビクター・サービスエンジニアリング事件の最高裁判決等を参照。

た（図表3-6）。この場合，団体交渉が申し込まれた相手側は，これを正当な理由なく拒否すれば，「不当労働行為」と認定され，各都道府県に設置されている労働委員会という行政委員会によって，団体交渉を命じられることになる。

社会保障面ではどうか

　以上のような契約内容の保障以外の場面でも，会社員とフリーワーカーの間には差がある。まず会社員であれば失職しても，雇用保険による所得保障がある（ただし，1週間の所定労働時間が20時間以上で，かつ，31日以上の雇用見込みがあることが条件である）。

　医療の面では，国民皆保険なので，会社員であるかどうかにかかわりなく保障があり，自己負担が3割という点でも同じであるが，会社員が加入する健康保険は，被扶養者である家族もカバーされる。また老後の所得保障である年金は，会社員であれば，国民皆年金部

分の基礎年金の上乗せとなる厚生年金に加入できる。こうした雇用
保険，健康保険，厚生年金のいずれも，保険料の半分は会社が支払
ってくれる（40歳以上の者が被保険者となる介護保険についても同様であ
る）。

　そのうえ，仕事でケガや病気をしたとき（業務上の負傷または疾病
の場合）には，医療費の自己負担がないなど健康保険よりも充実し
た補償のある労災保険もある（その保険料は会社が全額支払う）。労災
保険には，労働者でなくても特別加入できる制度があるが，その要
件は厳しく，対象者も限定されている（大工などの一人親方がその対
象であり，最近新たに，芸能従事者，アニメーション制作従事者，柔道整
復師，創業等支援措置で就業する高年齢者が追加されている）（図表3-7）。

図表3-7　労災保険の給付内容

◉療養補償給付
・自己負担なし
◉休業補償給付
・6割＋2割（特別支給金）
◉障害補償給付
・年金 or 一時金
◉遺族補償給付
・年金 or 一時金
◉葬祭料
◉傷病補償年金
◉介護補償給付
◉二次健康診断等給付
・定期健康診断等で異常所見があった場合等の健康診断等

出典：厚生労働省「労災保険給付の内容」 ▶10

会社によっては，公的な保障に加えて独自の上積み保障（企業年金，労災上積み補償など）をしているところもある。

独立すれば保障はどうなる？

　これが自営になると，状況は一変する。フリーワーカーには解雇規制はないので，例えば，継続的に発注をしてくれていた注文者から突然契約を打ち切られても，文句は言えない。雇用保険もないので，仕事がなくなったことによる損失は誰も補填してくれない。また会社員だと，一時的に仕事がなくなったときに，それが会社に帰責性のあるものであれば，平均賃金の6割の補償（休業手当）があるが，フリーワーカーには，そうした補償もない（会社員と違って，補償してくれる雇い主がいない）。つまりフリーワーカーは仕事がなくなり収入を失っても，それはすべて自己責任である（コロナ禍で，政府は特別に救済措置を講じているが，これは平時には存在しないものである）。

　医療は，居住する都道府県の運営する国民健康保険の適用となり，本人も家族も個人で加入しなければならず，保険料の負担はそれだけ重くなる。また，財政状況が厳しい自治体ほど保険料は高くなるし，会社負担がなくなるので全額自己負担となる。会社員であった場合は，退職後2年間は健康保険の継続給付を選択できるが，そのときも保険料は全額自己負担である。また年金は，基礎年金（国民年金）だけとなる。フリーワーカーは1号被保険者とされ，2号被保険者である会社員の配偶者（3号被保険者）には認められる保険料の免除（所得制限はある）という特別扱いがなくなる（図表3-8）。

　このほか，国民健康保険には，健康保険ではメニューに入っている傷病手当金（仕事に関係しない疾病の場合の所得保障）や出産手当金（出産のために会社を休んだ場合の所得保障）がオプション扱いで，実

図表 3-8 老後の所得保障（公的年金制度）

1 号被保険者	2 号被保険者	3 号被保険者
• フリーワーカーなど	• 会社員（2 階建てとして厚生年金）	• 会社員の配偶者

際にはほとんど支給されていない（一方，出産時に支払われる出産育児一時金は，フリーワーカーにも支給される）。前述のように労災保険も原則として適用されない。仕事が原因で病気になった場合の手厚い保障がないのが会社員時代との大きな違いとなる。

　なお正確にいうと，医療や年金は，会社員であっても，1 週の所定労働時間と 1 か月の所定労働日数のどちらかが正社員の 4 分の 3 未満であれば加入資格はない。近年の制度改正で，加入資格は，従業員数が 500 人超の会社（会社規模は，2022 年以降は順次引き下げられる）では，週の所定労働時間が 20 時間以上で，勤務期間が 1 年以上の見込みがあり，月額賃金が 8.8 万円以上で，学生ではないことという条件を満たしていれば，加入資格に含めることができるが，なお非正社員（パートやアルバイトなど）のかなりの部分が，健康保険や厚生年金に加入できず，フリーワーカーと同じ扱いとなる。前述のように雇用保険についても，加入資格に制限があったことも踏まえると，セーフティネットの格差は，会社員とフリーワーカーとの間にあるのではなく，正社員とその他の労働者（フリーワーカー・非正社員など）との間にあるというのが正確な言い方であろう。逆にいうと，日本のセーフティネットの特徴は，正社員の手厚い保護という点にある（図表 3-9）。

副業から独立へ？

　このような保障の違いをみると，やはり会社員（正社員）が独立してフリーワーカーの世界に踏み入るのには，かなりの勇気がいる

図表 3-9　セーフティネットの適用

	会社員	フリーワーカー
業務上のケガ・病気	労災保険 （所得保障あり）	国民健康保険 （所得保障なし）
業務外のケガ・病気	健康保険 （所得保障あり）	
失業時の所得保障	雇用保険	なし
産前産後休業時の所得保障	出産手当金	なし

であろう。手厚い保障から，ほとんど保障のない社会に飛び込むようなものだからである。結婚している人なら，独立当初の稼ぎが少ない時期は，会社員である配偶者の被扶養者になるという手はある。妻の被扶養者になるのはイヤだという古い発想の男性なら，最初は会社員をしながら副業でいわば予行演習をして独立の準備をするという方法もあるであろう。これなら，会社員としての保障はキープできるので，独立に難色を示している配偶者を説得しやすいかもしれない。かつては，副業を認めない会社も多かったが，近年は政府の推奨もあり，原則として認められる傾向にある。

　フリーワーカーに関するプラットフォーム企業の代表格であるランサーズの調査によると[11]，フリーワーカー（フリーランス）は，

厚生労働省推奨のモデル就業規則[12]

（副業・兼業）
第 68 条　労働者は，勤務時間外において，他の会社等の業務に従事することができる。
　2　会社は，労働者からの前項の業務に従事する旨の届出に基づき，当該労働者が当該業務に従事することにより次の各号のいずれかに該当する場合には，これを禁止又は制限することができる。
①労務提供上の支障がある場合
②企業秘密が漏洩する場合
③会社の名誉や信用を損なう行為や，信頼関係を破壊する行為がある場合
④競業により，企業の利益を害する場合

「副業系すきまワーカー」と呼ばれるタイプ（本業雇用・副業非雇用）が一番多く40％を占める（図表3-10）。このタイプは30～40歳代に多く，そこからの年収は半数が10万円未満と低く，年収に占めるフリーでの収入の割合は10％未満が半数を超える。こうしたデータからみえるのは，なかなか本業を捨てられない会社員の心情である。夢を求めて独立という冒険は，とくに家庭を支えていかなければならない者には簡単なことではない（図表3-11）。

公正な保障をめざして

　会社員が簡単に独立できない原因に，保障の格差があるとすれば，それは政府のほうでなんとか対応できないものであろうか。

　もちろん正社員側からすると，フリーワーカーや非正社員たちと違って，自分たちは「いつでも，どこでも，何でもやる」という会社に滅私奉公する働き方をしており，手厚い保障はその代償なので，保障の格差は不公正でないと主張するかもしれない。しかも，会社ごとの健康保険組合（大企業に多い健康保険の仕組み）は自分たちで拠出して運営しているものだから，保障の程度が手厚くても，他人からとやかく言われる筋合いはないと反論したくなるかもしれない。

　ただ，フリーワーカーたちの加入する国民健康保険は，自治体ごとに会社員以外のいろんなカテゴリーの人（フリーワーカーら個人事業主以外にも，高齢者，健康保険に加入していないパートタイム労働者ら）が加入している。高齢者が多いところでは医療支出も多いので，財政が苦しくなり，保険料も高くなる（公費を投入して保険料を抑えているところもあるが，それは住民の税負担を高めている）。国民皆保険といいながら，国民のなかで正社員とそれ以外の働き手が連帯するシステムとはなっていないのである。

　同じように労働をしている者のなかでのこのような違いは，個人

図表 3-10　フリーランスの分類

◉副業系すきまワーカー　409 万人
• 常時雇用されているが，副業としてフリーランスの仕事をこなすワーカー

◉複業系パラレルワーカー　281 万人
• 雇用形態に関係なく 2 社以上の企業と契約ベースで仕事をこなすワーカー

◉自由業系フリーワーカー　56 万人
• 特定の勤務先はないが独立したプロフェッショナル

◉自営業系独立オーナー　289 万人
• 個人事業主・法人経営者で，1 人で経営をしているオーナー

出典：ランサーズのフリーランス調査 2020 年版

図表 3-11　フリーランス人口の推移

出典：ランサーズのフリーランス調査 2020 年版

の不満という次元の問題にとどまらず，公的な保障の公正さという制度の問題とみるべきものであろう。いずれにせよ，今後，日本型雇用システムが変容して正社員的な働き方が減少し，逆に自営的な働き方が増えていくことを想定すると，働き方の違いによってセーフティネットが違うことへの違和感は広がっていくことになろう。Aくんは，これまでの制度の沿革にこだわらず，ゼロベースでセーフティネットの再構築をめざすことが必要なように思えた。

③　フリーワーカーへの支援

雇用類似のフリーワーカー

　フリーワーカーとなったときに保障が重要となるのは，収入が不安定になるからである。収入がある程度のレベルで安定しているフリーワーカーであれば，十分に貯蓄もできるであろうから，とくに公的な保障に頼らなくてもやっていけるであろう。そう考えると，雇用の保障や疾病・災害時の所得の保障も大切だが，むしろ本来の仕事をとおした収入を安定的に確保できるという意味での収入保障もまた重要であろう。

　収入保障というと，よく議論されるのは，労働者の最低賃金と類似の制度の導入をめぐってである。現在の法律でも，内職的な加工をする家内労働者（自営業者の一つと分類されている）には，労働者の最低賃金に相当する最低工賃が設定されている▶13。同じような仕組みを，フリーワーカーにも拡張しようとする考え方もあるようである。確かに，フリーワーカーのなかには，特定の企業と継続的に取引をしていて，あたかもその取引先企業の社員に近いような立場にある者もいる。またギグワーク（単発労働）のように，プラットフォーム企業に登録をしているが，仕事は単発で，不安定な状況

で働く者がいて，こうした者の保護の必要性を指摘する見解も多い。

　実際，アメリカのカリフォルニア州では，ギグワーカー（単発労働者）が個人事業主（非労働者）と認められるための要件を厳格にする法律が制定された[14]。これによると，例えばライドシェアのウーバーテクノロジーは，そのドライバーに対して雇い主としての責任を負わなければならなくなり，現にそのような判決も出された。ところが同州では，その後，新たに法案が出され住民投票に付されて可決された。その内容は個人事業主と認めるが，一定の保障も付与されるようにすることを求めるものであった。

　フランスでは，労働に関するデジタルプラットフォーム（⇒第4章③）を提供する企業に対して，法律で一定の「使用者」的な責任（労災保険や職業教育に対する金銭的な援助，団体行動の権利の承認）が課されている[15]。イギリスでも最高裁で企業に責任を認める判決が登場している。このように外国では，ギグワーカーを，できるだけ会社員に近づけて扱おうとする動きが強まっている。

　こうした「雇用類似の者」であれば，形式的には自営で働く場合であっても，会社員に近いような保護があってもよいかもしれない。実際，厚生労働省でも，「『雇用類似の働き方』に関する検討会」が立ち上げられ，そこでは一定の保護を雇用類似のフリーワーカーにも検討すべきとする報告書が出された。そのなかには「報酬額の適正化」も含まれている[16]（図表3-12）。

　ただフリーワーカーにも様々な職種で働く人がいるし，専門性や交渉力も様々である。同報告書のなかでも，報酬への規制については反対論があったことが記載されており，規制が必要であるかどうかそれ自体が検討対象となっている。また，雇用類似のフリーワーカーというのは，フリーワーカーのなかの一部にすぎない。フリーワーカー全般をみた政策を考える際には，もう少し違ったアプロー

図表 3-12　「雇用類似の働き方」に関する検討会で
挙げられた保護の内容

契約条件の明示
契約内容の決定・変更・終了のルールの明確化，契約の履行確保
報酬額の適正化
スキルアップやキャリアアップ
出産，育児，介護等との両立
発注者からのセクシュアルハラスメント等の防止
仕事が原因で負傷しまたは疾病にかかった場合，仕事が打ち切られた場合等の支援
紛争が生じた際の相談窓口等
発注者とのマッチング支援
社会保障

出典：厚生労働省「雇用類似の働き方に関する検討会」報告書

チを検討することが必要かもしれない。

自営型テレワークガイドライン

　厚生労働省が2018年2月に従来の「在宅ワークの適正な実施のためのガイドライン」を改め，新たに作成したのが「自営型テレワークの適正な実施のためのガイドライン」（以下，「自営型テレワークガイドライン」）である[17]。

　自営型テレワークガイドラインは，まず「自営型テレワーク」を「注文者から委託を受け，情報通信機器を活用して主として自宅又は自宅に準じた自ら選択した場所において，成果物の作成又は役務の提供を行う就労」（法人形態により行っている場合や，他人を使用している場合等は除く）と定義したうえで，こうした就労には，契約をめぐるトラブルの発生が少なくないことから，注文者などが遵守すべ

図表 3-13　自営型テレワーカーに対する注文者の遵守事項

● 募集内容の明示

- ① 注文する仕事の内容（業務の遂行に必要な技術・経験や，業務遂行に必要な所要時間の目安等を示すことが望ましい）
- ② 成果物の納期予定日（役務の提供である場合は，役務が提供される予定期日または予定期間）
- ③ 報酬予定額，報酬の支払期日および支払方法
- ④ 注文する仕事に係る諸経費の取扱い
- ⑤ 提案や企画，作品等に係る知的財産権の取扱い
- ⑥ 上記募集内容に関する問合せ先（募集内容について問合せがあった場合には，十分な説明を行うこと）

● 契約条件の文書明示（自営型テレワーカーからの求めがないかぎり電子メールやウェブサイトなどによる明示でもよい）

- ① 注文者の氏名または名称，所在地及び連絡先
- ② 注文年月日
- ③ 注文した仕事の内容
- ④ 報酬額，報酬の支払期日および支払方法
- ⑤ 注文した仕事に係る諸経費の取扱い
- ⑥ 成果物の納期（役務の提供である場合は，役務が提供される期日または期間）
- ⑦ 成果物の納品先および納品方法
- ⑧ 成果物の内容について検査をする場合は，その検査を完了する期日（検収日）
- ⑨ 契約条件を変更する場合の取扱い
- ⑩ 成果物に瑕疵がある等不完全であった場合やその納入等が遅れた場合等の取扱い（補修が求められる場合の取扱い等）
- ⑪ 成果物に係る知的財産権の取扱い
- ⑫ 自営型テレワーカーが業務上知り得た個人情報および注文者等に関する情報の取扱い

出典：厚生労働省「自営型テレワークの適正な実施のためのガイドライン」

き事項を指針として定めたものである。テレワークを行うフリーワーカーに絞ったガイドラインであることが特徴的である。

自営型テレワークガイドラインが注文者に求めているのは，契約における重要事項の明示である（図表3-13）。

優越的地位の濫用の禁止

フリーワーカーと企業との間の取引については，独占禁止法が適用される可能性もある。同法は，取引上，優越的な地位にある事業者が不公正な取引をすることを禁止している。フリーワーカーと取引をする企業が，その優越的地位を濫用したとみられる場合には，独占禁止法違反となり，公正取引委員会によって指導などを受けることがありうる[18]。また，とくに一定の下請け関係にある場合には，優越的地位の濫用を具体化した下請代金支払遅延等防止法（下請法）という法律による規制もある。政府が2020年7月に示した「成長戦略実行計画案」では，フリーワーカーについては，次頁にみるように，労働者に該当するとみられる場合を除き，独占禁止法や下請法をベースにして取引の環境整備を進めていく考えを示している[19]（図表3-14）。

このようにみると，フリーワーカーに対して，政府は取引面でもセーフティネットを設けることに積極的であるようにみえる。もっとも，「雇用類似の者」とは，具体的にはどのような者を指すのかは必ずしも明確ではないし，政府が，労働者とどこまで同じように支援対象としてくれるのかがはっきりしない。一方，独占禁止法の適用があるとしても，それは優越的地位の濫用が認められる場合であり，それがどのような場合かは必ずしも明確ではない。下請法の適用要件に合致すれば，現在でも公正取引委員会の勧告や指導があるが，下請法の適用範囲は限定されている（図表3-15）。

図表 3-14　フリーランスガイドラインの方向性

❶ 契約書面の交付

フリーランスと取引を行う事業者が，フリーランスに対し，契約書面を
交付しないまたは記載が不十分な契約書面を交付することは，独占禁止
法（優越的地位の濫用）上不適切であることを明確化する。

❷ 発注事業者による取引条件の一方的変更，支払遅延・減額

フリーランスと取引を行う事業者が，フリーランスに対し，不当に取引
条件の一方的変更や報酬の支払遅延・減額を行うことは，独占禁止法上
の優越的地位の濫用に当たることや下請法上の禁止行為に当たることを
明確化する。

❸ 仲介事業者との取引に対する独占禁止法の適用

フリーランスの仲介事業者が取引条件の一方的変更を行う場合もあるこ
とから，仲介事業者とフリーランスの取引についても独占禁止法が適用
されることを明確化する。

❹ 現行法上「雇用」に該当する場合

フリーランスとして業務を行っていても，現行法上「雇用」に該当する
場合には，契約形態にかかわらず，独占禁止法等に加え，労働関係法令
が適用されることを明確化する。

出典：経済財政諮問会議・未来投資会議合同会議「成長戦略実行計画案」

どのようなフリーワーカーを想定すべきか

　自営型テレワークガイドラインをはじめ政府による支援策は，公
正な契約が実現するためのルールとして重要なものであり，フリー
ワーカーにとって心強いものである。ただ，こうした支援策は，注
文者らに対して規制をかけるものであり，フリーワーカーは弱者で
あることを前提にしたものである。しかし，働く側からすると，フ
リーワーカーとなる以上，弱者のままではいたくない。交渉力を高
めて，対等に契約を締結して，少しでも有利な条件を勝ち取りたい
であろう。

　政府の支援策が，フリーワーカーの自立よりも，保護に向けられ
ているのは，どのようなフリーワーカーを想定しているかが関係し

図表 3-15　下請法の概要

● 適用対象（「情報成果物作成委託」の場合）

- 資本金が 5000 万円超の事業者（親事業者）と，資本金が 5000 万円以下の事業者（下請事業者：個人を含む）との取引
- 資本金が 1000 万円超で 5000 万円以下の事業者（親事業者）と，資本金が 1000 万円以下の事業者（下請事業者：個人を含む）との取引

● 親事業者の義務

- 書面の交付
- 支払期日の設定
- 書類の作成・保存
- 遅延利息の支払

● 親事業者の禁止行為

- 受領拒否
- 下請代金の支払遅延
- 下請代金の減額
- 返品
- 買いたたき
- 購入・利用強制
- 報復措置
- 有償支給原材料等の対価の早期決済
- 割引困難な手形の交付
- 不当な経済上の利益の提供要請
- 不当な給付内容の変更および不当なやり直し

出典：公正取引委員会「下請法の概要」▶20

ているように思われる。

　例えば，インターネットを通した業務の発注であるクラウドソーシング（crowdsourcing）により仕事を受注するクラウドワーカーの主流は，高いスキルを要しない単純業務を受注して働く人である。現時点では，これが自営型テレワークの代表形態の一つであるが，その実態をみると，仕事を仲介するプラットフォーム企業に指揮命令されて雇用に近い形態になっている場合もあるようである。また

ウーバーイーツの配達員のように，リアル空間での肉体労働をしている場合には，拘束性が高い働き方であり，会社員と近い面もある。これらのタイプのフリーワーカーについては，どうしたらその仕事に成功するかという「前向き」の支援策よりも，何か困ったときのセーフティネットのほうに目が向きがちとなるのも仕方がない面もある。

　もっとも，単純労務提供型の仕事は，今後，それほど長く残るとは思えない。例えば，こうした仕事の代表例である「アノテーション」（タグ付け）の作業（AIに学習させる「教師（学習用）データ」の作成に必要な基礎作業）は，AIの「転移学習」の発展によって大きく減少していくことが予想される[21]。それだけでなく，単純労務は，すでにみたように，AIやロボットで代替されていくことになるであろう。人間にやらせるほうが低コストという状況であれば別だが，本来，そういう仕事こそ機械が担当すべきものである。コロナ禍で，ウーバーイーツの配達員は，医療従事者などと並んでエッセンシャル・ワーカー（社会的重要業務従事者）と呼ばれていて，彼ら，彼女らも誇りをもって働いているであろうが，それがどうしても人間がやらなければならない仕事かと問われるとやはり疑問符がつく。デジタルトランスフォーメーションの影響は，この分野にも押し寄せることは確実であろう。例えば宅配サービスは，ドローンや自動運転車などを活用して機械化・省人化に成功した企業によってサービスが提供されるようになる可能性は高い（⇒第2章④）。

AIに負けないジャーナリストになるために必要なこと

　それでは，ジャーナリストの仕事はどうであろうか，というのがAくんの次の疑問であった。Aくんは，将来はフリーのジャーナリストになることができないかと考えていたからである。

ジャーナリストの仕事は，一般には，知的な仕事と考えられている。ただ，この仕事でも，世間の情報を集めて，整理する程度にとどまっていれば，AIにだって十分つとまる。日本経済新聞では，企業が開示した決算発表資料から業績データや要点を抽出した「決算サマリー」の作成は「AI記者」が担当しているのは有名である[22]。また，ジャーナリストのニュースソースとなる情報が，インターネットから収集されるものなら，AIのほうがはるかに網羅的に収集して正確に分析できるであろう。人間の分析には余計な先入観などが混入しがちなので，AIを使って人間のバイアスをできるだけ取り除いた客観性の高いニュースを提供しようとする報道メディアもあるくらいである[23]。そこで求められる人材は，報道事業であっても，ジャーナリストではなく，情報関連スキルをもつ者となろう。

　もちろん，情報は足で稼ぐのが取材の基本という記者魂は大切であり，Web情報にはない独自のリアル情報を見つけ出せるのは，人間ならではのことと言えそうである。ただ，これに立ちはだかるのがIoTである。世界中のあらゆる場所の出来事が，センサーによってデジタル情報として取得され，インターネットを通じて収集される。現在でも，事件や事故が起きたところで一般の人が撮影した動画を報道するということも行われており，これは各地に取材協力者がいるようなものである。IoTは，これをいっそう進めて，協力者という人間の手を借りなくても，機械が自動的に情報を集めてくれるようになるのである。

　実はこういう技術があるから，自動運転も可能となる。周りの情報を入手しながらAIが正しい運転操作の方法を判断できるからである。そして，その自動運転車自体が，移動の過程で情報を収集し続ける。こうして集まるビッグデータの分析は，人間の手に負えず，AIに頼るしかない。

経済的自立に向けた支援こそ重要

　ここまでみたようなデジタル技術の発展の下では，記者魂がどれ
だけ強くても，単に現場の情報を伝えるだけであればAIに勝てそ
うにない。ただジャーナリストの仕事は，それにとどまるものでは
ない。むしろ個人の思想や価値観に基づいて加工して創造された
（その意味で，偏った）情報こそ必要だという意見もある。価値の源
泉は，基礎となる情報に，どれだけの創造性を加味して，自身の発
する情報として提供できるかである。つまり，ここでも人間の仕事
として重要なのは，知的創造性となる。

　AIの力がどれだけ強くても，知的創造性を発揮できるならば，
どのような仕事でも，人間がやるべきことがあるだろう。もちろん，
そこでいう知的創造性は，例えば特許をとれる発明のようなハイレ
ベルのものが必ずしも求められるわけではない。そのような能力を
もつのは，ごく限られた人間である。ここで求められるのは，自分
ならではのアイデアやスキルで，他人が気づかなかったり，他人に
はできなかったりする新たなものを創造する力である。独創性と呼
んでもよい。それが社会に役立つものであれば，人々に受け入れら
れ，ビジネスとしても成立する可能性が出てくる。

　知的創造性がこのような意味であれば，やる気と心がけ次第で，
誰にでもチャレンジできそうである。Aくんは，ここに，これから
の生き方の方向性を見つけたような気がした。とはいえ，これで安
心してフリーワーカーに向かって進めるかというと，まだ何かが足
りない。会社員であれば，契約当事者になるのは，あくまで会社で
あったが，フリーワーカーになると，自ら当事者となって，契約を
かわさなければならない。生活のためには，そこできちんと，自ら
の利益を確保できなければならないであろう。

　そのために必要なのは，自らのスキルを向上させ，それを契約内

容にしっかり反映させることができる能力である。経済的自立のための能力といってよい。こうしたものは，これまでの学校教育（普通教育）では教わってこなかった。しかし，フリーワーカーとして働くことが一般的になると，こうした能力を標準的に備えておくことが必要となる。そこは政府の出番となるはずである。

4　自立を支える公助と共助

なぜ職業基礎教育の必修化が必要か

　仕事に関するスキルをすでにもっている人でも，独立するとなると法律面，金融面，税務面などの知識が必要となるし，テレワークでやっていくのに必要な情報技術面の知識も必要となる。これらの情報には，誰に頼んだり，相談したりすればよいかということに関する情報も含まれる。また，肝心の仕事に関するスキルについては，いまは十分と思っていても，常にアップデートを心がけておかなければ，たちまち時代遅れになる危険性があろう。こうしたことは，基本的には自力での情報収集や知識習得，すなわち自学・自習が必要であるが，個人でできることには限界がある。そのため政府による支援策（公助）が必要となる。

　前述の「働き方改革実行計画」においても，自営型テレワークに対する政策として「教育訓練等の支援策」が挙げられていた。日本の職業教育は，一部の専門学校を除くと，基本的には，会社の手によって行われていた。日本型雇用システムの下では，長期的に活躍できる人材を，会社自らが訓練して育成してきたので，職業教育としての役割は，学校や家庭にはほとんど求められていなかった。会社が実施する職業訓練の基礎となる能力，読み書き計算などのリテラシーや，協調性など集団的な活動に必要な素養が備わっていれば

十分とされてきたのである（学歴も，それ自体に意味があるというより，受験勉強をきちんと乗り越えてきたことにより，一定の期日までに準備をして結果を出すという，仕事に必要な基礎能力を示すものとしての意味をもっていた）。

　しかし，会社が即戦力の人材を求め，社内での人材育成から手を引くようになると，社外での教育の重要性が飛躍的に高まる。具体的な職業は，本人が自分の適性ややりたいことに合わせて見つけざるを得ないが，どのような職業に従事するにせよ，基礎となる部分については，公教育の場で，国民が標準的に習得できるようにする必要があるであろう。とくに働き手の多くがフリーワーカーになる時代が来る以上，少なくとも義務教育のなかで，独立して働いていくために必要な最低限の知識を身につけることができるのが望ましいであろう。政府は，そうした目的に沿ってカリキュラムを編成し直すべきであろう。

　例えば，下記のような法律クイズは，取引に関係する基本的な内容だが，どれだけの人が正確に答えることができるであろうか。Ａくんも，正解がわからなかった。

　法律，金融，税務などの知識は実用性が高いものであり，「大人

法律クイズ

●次のうち正しいものはどれか？
①注文者と契約を書面でかわして署名押印をすれば，その内容は確定するので，必ず履行しなければならない。
②口約束は正式な契約ではないので，書面化されていないかぎり，約束を守らなくてもよい。
③企業と契約した個人は弱い立場なので，契約内容が不利と思えば，いつでも後からキャンセルできる。
④法律の規定であっても，契約の当事者が合意をすれば，これに従わなくてもよいことがある。

（正解は④）

の勉強」という印象もあるが，この発想を改める必要があるであろう。今後は，10代でフリーワーカーとして働いたり，起業をしたりすることがあるので，こうした「大人の勉強」とされてきたものも義務教育の必修科目としておいたほうがよいのではなかろうか。

オンライン学習とAI教育

　自学・自習というとハードルが高いように思えるが，いま義務教育のレベルで始まろうとしているオンライン教育は，今後，全世代で導入されるものとなるであろう。超教育協会の「20XX年の教育」をみると，これからの教育がどのようなものであるかがイメージできる[24]。「20XX年」と書かれているが，世界の動きは急であるし，日本でもすでにオンライン教育の取組は広がっている[25]。

　こうした「EdTech」をふんだんに使い，子どもたちのレベルに応じて，AIによって最適化された学習メニューが提供される時代が到来しつつあるのである。おそらく学校という場は，今後，職場と同じようにバーチャル化し，移動しなくても学習ができるようになるであろう。テレワークは，オンライン教育の延長線上に位置づけることができる。大人になっても，いつでも，どこでも，必要な学習ができるようになり，そこでスキルを習得して，仕事に活かしていくという時代が来るのである。

　AIは，学習メニューを最適化するために活用されるだけではない。AIに関するソフト開発などを行っているギリア株式会社の清水亮社長は，次のように述べている[26]。

　　「人間はもはやあらゆる『ゲーム』でAIに勝つことはできません。この『ゲーム』とは，情報化できるすべてのモデルに適用可能なはずです。例えば損益計算書（PL）や貸借対照表（BS），人

事施策，広報戦略，営業戦略といったものです。そうした分野に
AIを中心とした質的変化をできる企業は生き残り，人間の直感
だけにすがり続ける企業は滅んでいくことが考えられます。この
現象は，ビジネスの世界だけではなく，研究や政策など，ありと
あらゆるところに及ぶと考えられます。」

　AIを学ぶのは，AIによって何ができるかを知ることによって，
それを使いこなすすべを知り，自分のできることを大きく拡張する
ことができるからである。AI教育というのは，AIを使った教育だ
けを意味するのでなく，AIを学ぶ教育でもあるのである。こうし
たAI教育は，すべての国民が受けられるようにしなければならな
いであろう。
　Aくんは，これからの子どもをうらやましく思うと同時に，自分
もこれからAIリテラシーを高めることによって，もっといろんな
ことがやれるようになるのではないかという期待がふくらんできた。

労働と教育

　私たちが，血縁で構成される家族や親族の範囲を超えて，大きな
共同体社会をつくってきたのは，そのほうが生きていくのに都合が
よかったからである。社会には，いろんな能力をもつ人がいて，そ
れぞれが得意とする分野がある。手先が器用な人，物知りな人，他
人を楽しませるのが得意な人，リーダーシップをとれる人，細やか
な神経をもって気配りができる人，交渉術に長けている人，腕力が
ある人など様々である。そのようななかで，他人がもたない自分ら
しさを発揮することが創造性の本質である。社会は，個人がそれぞ
れの得意分野（それが「職業」と呼ばれるものである）で創造性を発揮
して互いに貢献するという分業によって成り立っている。労働とは，

元来，そうした営みを指すものである[27]。

　ただ，これまで繰り返しみてきたように，デジタル技術社会は，人間がやっていた労働のかなりの部分が機械で代替される。そうしたなかで，今後は，デジタル技術を味方につけてふんだんに活用しながら，社会に貢献できるような人材を作りだしていくことが求められる。これが教育の役割であり，政府がこれから最も力を入れていかなければならない分野となる。

　教育には，本来，共同体社会で継承されてきた情報を伝える機能がある。人類規模で考えると，人類の英知を伝えるというのも教育であるし，国家や地域で蓄積されてきた文化などを伝えるのも教育である。そして，そこで伝えられた情報を基礎としながらも，そこから新たな情報を生み出すことができるようにするのも，また教育の力である。

　さらに今後は，そこにデジタル技術に関する教育がメニューに加わる。前述のAIに関する教育もその一つである。他方，デジタル技術の発展は，国民が標準的に習得しなければならない教育内容を修正する可能性もある。例えば，外国語の習得は，翻訳技術が発達するなかで，必ずしも必修科目にする必要はないかもしれない。とくに子どもたちの限られた時間のなかで，将来役に立たないものの学習に多くの時間を割かせるような愚を犯さないためにも，何を必修科目とするかの選別は非常に重要である。

間に合うかもしれない

　フリーワーカーとしてやっていくうえでも，大切なのは，社会に貢献できるような創造性を発揮することである。Aくんは，自分に何ができるのかを，もう一度，根本から考えてみようと思った。そのためにも，考えるための素材が必要である。それは突き詰めれば，

人間とはどのようなものか，社会とはどのようなものか，という原理的なことについての教養である。さらに現代の技術社会においては，STEM（SはScienceの科学，TはTechnologyの技術，EはEngineeringの工学，MはMathematicsの数学）を学び，論理的思考で社会を批判的にみていくことも重要であろう。最近では，これにA（Art）の芸術を追加して，STEAMと呼ぶこともある。

　Aくんは，いまから振り返ると，もっと学生時代に学んでいればよかったと思うことがある。学校では通り一遍のことしか教わらず，知識の詰め込みが中心であったことも残念であった。幸い，いまからでもまだ間に合う。オンラインで提供される様々な学習プログラムを利用すれば，遅れを取り戻せるのではないかと思っていた。ここでも頼りになるのはAIであろう。

新たな共助の形

　政府による教育が，個人の自学・自習をサポートする「公助」であるとすれば，もう一つ重要なのは，仲間による支え合い，つまり「共助」である。フリーワーカーとして自立する場合でも，同じ職業に従事する者との情報共有はことのほか頼りになるであろう。現在は，SNSを使って簡単に情報共有ができる時代でもある。

　Aくんのような出版社の編集者も，独立してフリーワーカーとしてやっていくときには，同じような立場にある人たちで集まったほうが，役立つ情報を交換できるであろう。労働組合の自営版のようなものだが，会社員の労働組合が団体交渉を行ったり，ストライキを行ったりすることをとおして，その団結と連帯を高めてきたのに対して，自営版労働組合は，インターネットのもつ「つながる」機能を活用した情報共有が中心的なものとなるであろう。それは，孤独感や疎外感をもちがちな自営型のテレワーカーに，精神的な帰属

場所を与えることにもなる。コロナ禍で分断されても仲間と連帯できるのは，ICTを使って働くテレワークの大きな強みである。

　フリーワーカーたちが集まって業務を受託し，チームを形成して特定のプロジェクトを処理するというパターンもある。こうなると，労働組合の自営版というよりも，2020年に法制化がなされた労働者協同組合（組合員が出資し，それぞれの意見を反映して組合の事業が行われ，組合員自らが労働契約を締結して事業に従事する組織）の自営版のようなものと言えるかもしれない[28]。このほかにも，自分たちの相互扶助を目的とする場合は企業組合（中小企業組合制度の一つ）のような形をとることもできるし[29]，株式会社として，プロのフリーワーカーのチームのサービスを提供するというビジネスとして展開することもできる。

　こうしたフリーワーカーたちがチームとして働くというのが，今後の標準的な働き方となるかもしれないと予感させるのは，厚生労働大臣の懇談会『働き方の未来2035 〜一人ひとりが輝くために〜』という報告書に，次のような記述があるからである[30]。

　　「2035年の企業は，極端にいえば，ミッションや目的が明確なプロジェクトの塊となり，多くの人は，プロジェクト期間内はその企業に所属するが，プロジェクトが終了するとともに，別の企業に所属するという形で，人が事業内容の変化に合わせて，柔軟に企業の内外を移動する形になっていく。その結果，企業組織の内と外との垣根は曖昧になり，企業組織が人を抱え込む『正社員』のようなスタイルは変化を迫られる。」

　　「このように企業がプロジェクト型の組織になるにつれて，働く側も，自分の希望とニーズに応じて，自分が働くプロジェクトを選択することになる。その結果，企業側は，自分のプロジェク

トに最適な人を引き付けるべく努力をする必要性が生じる。

　また，働き方の選択が自由になることで，働く時間をすべて一つのプロジェクトに使う必要はなくなる。複数のプロジェクトに時間を割り振るということも当然出てくる。もちろん，一つの会社，一つのプロジェクトに従事する場合もあるだろうが，複数の会社の複数のプロジェクトに同時に従事するというケースも多く出てくるだろう。」

　ここでは企業の未来像としてプロジェクト型組織が挙げられているが，現実はもっと早く進行しており，企業という形をとらずに，プロジェクトごとに「チーム」で仕事をするという形が広がりつつある。こうした働き方をする人たちのスタイルの中心は，自営型テレワークとなるであろう。自営型テレワーカーたちが互いに専門的な技能をもちよって，共同で事業プロジェクトをこなしていくというのが，新たな共助の形であり，近未来の働き方なのであろう。Aくんは，そこには組織のしがらみから離れて，プロとして自分の得意分野で貢献するという理想の働き方があるように思われた。

▶参考資料

1　Carl Benedikt Frey・Michael A. Osborne「THE FUTURE OF EMPLOYMENT: HOW SUSCEPTIBLE ARE JOBS TO COMPUTERISATION?」（2013年9月17日）：https://www.oxfordmartin.ox.ac.uk/downloads/academic/The_Future_of_Employment.pdf

2　野村総合研究所「日本の労働人口の49％が人工知能やロボット等で代替可能に」（2015年12月2日）：https://www.nri.com/-/media/Corporate/jp/Files/PDF/news/newsrelease/cc/2015/151202_1.pdf

3　「食品ロス，AI活用し削減　過去データで需要予測　売れ残りをネット売買」（Sankei Biz 2020年7月17日）：https://www.sankeibiz.jp/business/news/200717/bsd2007170500001-n1.htm

4　大内伸哉『最新重要判例200労働法（第6版）』（弘文堂，2020年）の第47事件

5　大内伸哉・川口大司編著『解雇規制を問い直す──金銭解決の制度設計』（有斐閣，2018年）

6　経済産業省の産業構造審議会の「新産業構造ビジョン〜第4次産業革命をリードする日本の戦略〜」（中間整理）（2016年4月27日）：https://www.meti.go.jp/shingikai/sankoshin/shinsangyo_kozo/pdf/ch_01.pdf

7　「副業，企業の境界溶かす　ヤフー高スキル人材100人採用」（日本経済新聞電子版2020年7月15日）：https://www.nikkei.com/article/DGXMZO61540520V10C20A7EA2000/

8　谷田千里・株式会社タニタ編『タニタの働き方革命』（日本経済新聞出版，2019年）

9　大内伸哉『最新重要判例200労働法（第6版）』（弘文堂，2020年）の第140事件

10　厚生労働省「労災保険給付の内容」：https://www.mhlw.go.jp/new-info/kobetu/roudou/gyousei/rousai/dl/040325-12-04.pdf

11　ランサーズ「フリーランス実態調査（2020年度版）」：https://speakerdeck.com/lancerspr/qi-ye-falsexin-siidong-kifang-diao-cha-2020?slide=4

12　厚生労働省「モデル就業規則」（令和3年4月）：https://www.mhlw.go.jp/content/000496428.pdf

13　厚生労働省「家内労働のしおり〜家内労働法の概要について〜」：https://www.mhlw.go.jp/www2/topics/seido/josei/hourei/dl/20000401-67a.pdf

14　「ライドシェア運転手は事業主　カリフォルニア一転承認　住民投票で州法見直し」（日本経済新聞電子版2020年11月4日）：https://www.nikkei.com/article/DGXMZO65824920U0A101C2EE8000

15　笠木映里「Uber型労働と労働法改正」『日本労働研究雑誌』687号89頁（2017年）：https://www.jil.go.jp/institute/zassi/backnumber/2017/10/pdf/089-090.pdf

16　厚生労働省「雇用類似の働き方に関する検討会」報告書（2018年3月30日）：https://www.mhlw.go.jp/file/04-Houdouhappyou-11911500-Koyoukankyoukintoukyoku-Zaitakuroudouka/0000201101.pdf

17　厚生労働省「自営型テレワークの適正な実施のためのガイドライン」（2018年2月）：https://www.mhlw.go.jp/file/06-Seisakujouhou-11900000-Koyoukintoujidoukateikyoku/0000198641_1.pdf

18　公正取引委員会・競争政策研究センター「人材と競争政策に関する検討会報告書」（2018年2月15日）：https://www.jftc.go.jp/cprc/conference/index_files/180215jinzai01.pdf

19　経済財政諮問会議・未来投資会議合同会議「成長戦略実行計画案」（2020年7月17日）：https://www.5.cao.go.jp/keizai-shimon/kaigi/minutes/2020/0717/shiryo_03.pdf　なお，令和3年3月26日に，内閣官房・公正取引委員会・中小企業庁・厚生労働省「フリーランスとして安心して働ける環境を整備するためのガイドライン」が発表された（https://www.jftc.go.jp/houdou/pressrelease/2021/mar/210326free03.pdf）

20　公正取引委員会「下請法の概要」：https://www.jftc.go.jp/shitauke/shitaukegaiyo/gaiyo.html

21　「AIが自らAIつくる　もはや開発者すら不要」（2020年1月2日）：https://www.nikkei.com/article/DGXMZO53456700X11C19A2000000/

22　高槻芳「わずか10秒で原稿作成，日経のAI記者『決算サマリー』の衝撃」『日経コンピュータ』（2017年4月13日）：https://xtech.nikkei.com/it/atcl/column/17/040400118/041200003/

23　Knowhere：https://knowherenews.com/

24　超教育協会「20XX年の教育」：https://www.youtube.com/watch?v=n3ZGAAB1VmA

25　石戸奈々子編『日本のオンライン教育最前線──アフターコロナの学びを考える』（明石書店，2020年）

26　石戸編・前掲書221頁

27　大内伸哉『デジタル変革後の「労働」と「法」──真の働き方改革とは何か？』（日本法令，2020年）の第1章

28　厚生労働省「労働者協同組合法の概要」：https://www.mhlw.go.jp/content/11909000/000704105.pdf

29　中小企業庁「中小企業組合制度の概要」：https://www.chusho.meti.go.jp/keiei/shinpou/kumiai_sien.htm

30　厚生労働大臣の懇談会『働き方の未来2035 〜一人ひとりが輝くために〜』（2016年8月）：https://www.mhlw.go.jp/file/06-Seisakujouhou-12600000-Seisakutoukatsukan/0000133449.pdf

第**4**章

社会にとってのテレワーク

1 少子高齢社会とテレワーク

少子高齢化の進行

　日本では，現在，急速な高齢化と人口減少に直面している。コロナ禍により，人口減少の傾向には拍車がかかるかもしれない。

　総務省統計局の人口推計によると，2020年7月1日時点の日本の総人口は1億2583万6千人で，前年同月に比べ減少（42万9千人，0.34％減少）した[1]。総人口のうち，15歳未満人口は1507万7千人で，前年同月に比べ減少（20万9千人，1.37％減少），15～64歳人口は7464万5千人で，前年同月に比べ減少（53万4千人，0.71％減少），65歳以上人口は3611万5千人で，前年同月に比べ増加（31万4千人，0.88％増加）となっている。

　しかも，この傾向はいっそう強まっていく。15歳から64歳の人口は生産年齢人口といい，社会の生産活動を支える年代層となるが，この年代の人口が減少していき，他方，高齢者の数はしばらく上昇し，その後，減少に転じていくことになる[2]（図表4-1）。

　内閣府の「令和2年版高齢社会白書」によると，2065年の日本の人口構造は大きく変容する[3]（図表4-2）。

193

図表 4-1　今後の人口の推移

	総人口	15 歳未満人口	15 ～ 64 歳人口	65 歳以上人口
2030 年	1 億 1913 万人	1321 万人	6875 万人	3711 万人
2050 年	1 億 192 万人	1077 万人	5275 万人	3841 万人
2065 年	8808 万人	898 万人	4529 万人	3381 万人

出典：国立社会保障・人口問題研究所「日本の将来推計人口（平成 29 年推計）」（出生中位・死亡中位）

図表 4-2　2065 年の日本の人口構造

❶ 9,000 万人を割り込む総人口
❷ 約 2.6 人に 1 人が 65 歳以上，約 3.9 人に 1 人が 75 歳以上
❸ 現役世代 1.3 人で 1 人の 65 歳以上の者を支える社会の到来
❹ 年少人口，出生数とも現在の半分程度に，生産年齢人口は 4,529 万人に
❺ 将来の平均寿命は男性 84.95 年，女性 91.35 年

出典：内閣府「令和 2 年版高齢社会白書」

❷について，詳しくみると，総人口が減少する中で65歳以上の者が増加することにより高齢化率（総人口に占める65歳以上の人の割合）は上昇を続け，2036年に33.3％となる。2042年以降は65歳以上人口が減少に転じるが，それでも高齢化率は上昇を続け，2065年には38.4％に達して，国民の約2.6人に1人が65歳以上の者となる。また総人口に占める75歳以上人口の割合は，2065年には25.5％となり，約3.9人に1人が75歳以上の者となる。75歳以上人口は，2054年まで増加傾向が続く。

❸についても，詳しくみると，65歳以上人口と15 ～ 64歳人口の比率は1950年には1人の65歳以上の者に対して12.1人の現役世代（15 ～ 64歳の者）がいたのに対して，2015年には65歳以上の者1人に対して現役世代2.3人である。2065年には，65歳以上の者1人

に対して現役世代1.3人となる。

　❹については，出生数は減少を続け，2065年には56万人になる。年少人口（0〜14歳）は20.56年に1000万人を割り，2065年には898万人と，現在の半分程度になる。出生数の減少は，生産年齢人口にまで影響を及ぼし，2029年に69.51万人となり，2065年には4,529万人となる。2020年と比べると，約4割の減少となる。

　このような数字をみると，日本社会が中長期的に取り組むべき最も重要な課題の一つが少子高齢化であることがはっきりする。1980年生まれのAくんにとって，将来的には，自分の周りが高齢者だらけとなり，まだ小学生と園児であるAくんの子どもの世代に大きな負担がかかりそうであることが心配になってきた。政府も少子化対策に力を入れているようであるが，出生率の改善傾向はみられない（図表4-3）。高齢者はできるだけ経済的自立をしたり，生活動作などにおいて介助を必要としない肉体的自立をしたりするためにも，デジタル技術の活用が重要となると思われる。

図表 4-3　合計特殊出生率（1人の女性が生涯において生む子の数）

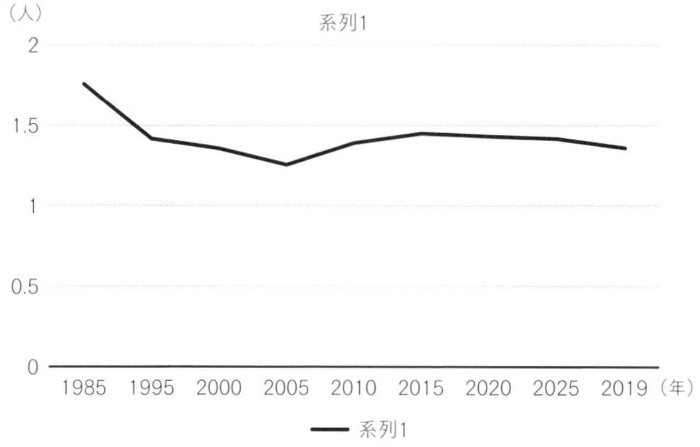

出典：厚生労働省「令和元年（2019）人口動態統計」▶4

老後も働く

　少子高齢化のもたらす問題は，いろいろ指摘されているが，とくに重要なのは，公的年金制度の持続可能性である。日本の公的年金制度は，年金支給のための財源を，その時々の保険料収入によるという賦課方式をとっており，積立方式とは違い，現役世代が年金受給世代を支えるものとなっている。しかし，前記の推計のように，現役世代は徐々に減少し，2065年になると，現役世代1.3人で1人の65歳以上の者を支えなければならなくなり，そうなると現在の公的年金制度は破綻するおそれがある。実際，2019年6月には，金融庁の審議会が老後資金が2000万円不足するという報告書を発表し，「老後2000万円問題」として話題になった▶5。Aくんにとっても，この話はショッキングであり，あわてて家計の資産のポートフォリオを見直したくらいである。

　その際に，Aくんが気になったのは，いったい自分は何歳まで働くことができるのかである。現在の法律（高年齢者雇用安定法）は，定年を設ける場合は60歳以上としているが，定年がたとえ60歳であっても，65歳までの雇用機会を確保するよう，会社に対して，「高年齢者雇用確保措置」を講じることを義務づけてきた（図表4-4）。

　さらに2020年の法改正により，65歳から70歳までの就業機会を確保するための「高年齢者就業確保措置」を講じる努力義務が定められた（2021年4月施行）▶6（図表4-5）。❹と❺は，雇用ではなく，自営的な働き方でもよいとするものなので，「雇用確保」ではなく，「就業確保」という言葉が使われている（❹と❺を行う場合には，労働者の過半数を代表する者等の同意が必要となる）。

　第1章4でもみたように，高齢者にとって，テレワークは働き方の可能性を広げることになる。とくに法律が業務委託契約での就業確保を，努力義務とはいえ，会社の講じる措置に組み入れたことは，

図表 4-4　高年齢者雇用確保措置

❶65 歳までの定年引上げ
❷65 歳までの継続雇用制度の導入
❸定年廃止

図表 4-5　高年齢者就業確保措置

❶70 歳までの定年引上げ
❷70 歳までの継続雇用制度の導入
❸定年廃止
❹高年齢者が希望するときは，70 歳まで継続的に業務委託契約を締結する制度の導入
❺高年齢者が希望するときは，70 歳まで継続的に，以下のいずれかの事業に従事できる制度の導入

- a. 事業主が自ら実施する社会貢献事業
- b. 事業主が委託，出資（資金提供）等する団体が行う社会貢献事業

自営型テレワークで仕事をやっていこうとする高齢者の後押しをすることが期待される。先にみたような高齢化が進むと，今後は，「高年齢者就業確保措置」の努力義務は75歳まで引き上げられるのではないかと思われる（それにともない，生産年齢人口の定義も，15歳から64歳ではなく，15歳から74歳にまで引き上げられるかもしれない）。

「人生100年時代」においては，体力が許すかぎり，何らかの社会活動をしていこうとする人が増えていくであろう。「体力が許すかぎり」という点は，テレワークであると，その可能性がより広がることになるであろう。会社員として通勤して働くとなると肉体的な限界が感じられる場合でも，知力さえ衰えていなければ，高齢者は会社員からフリーワーカーに切り替えて，テレワークで経済的に自立するという生き方や働き方を選択できるようになる。高齢者が

このように現役世代にできるだけ負担にならないように活動し続けることは、社会にとって大きな意味がある。これもテレワークのもつメリットと言えるであろう。

地方に移住

　少子高齢化のもたらすもう一つの問題は過疎化である。地方では、限界集落問題などが指摘されており、将来的には若者の流出により消滅する自治体が急増する可能性も指摘されている[7]。こうなると行政サービスの機能が低下し、住民の生活に大きな悪影響が生じることになる。しかも人口減少問題は、中長期的には、都市部でも起きると予想されている。都会育ちのAくんにとっても他人事ではなかった。

　またコロナ禍が深刻化して以降、東京から地方への転出が起きていると言われている。2020年12月に総務省が発表した住民基本台帳人口移動報告（2020年11月結果）によると、東京都は、転出者が2万8077人で、前年同月比で19.3%の増加、転入者が2万4044人で、前年同月比で6.8%の減少となっている[8]。東京都の近隣の千葉県、神奈川県、埼玉県、山梨県では転入者が増え、長野県も増加している。人口が東京から近郊の県に移動し、さらにそこから遠くに移動する傾向が生じているようである[9]。

　こうした人口移動にも、テレワークが寄与している可能性がある。環境がよくない東京にあえて住んでいるのは仕事のためであるが、テレワークによって出勤が不要となれば、地方に住んだほうがよいと考える人は少なくないであろう。Aくんにとっても、子どもを育てる環境のよい地方に引っ越すことは、現実的な選択肢になってきていた。完全テレワークとなれば住む場所の選択肢は広がるし、もし独立してしまうと、どこに住もうが完全に自由である。フリー

ワーカーになる大きなメリットは，東京などの都会から脱出して，好きな場所に住めることにあるとも言える[10]。地方自治体のなかには，都会から人材を誘致することにより，活性化を図ろうとするところもある。過疎が起きている地方は自然が豊かなところが多く，テレワークをする通信環境や生活のインフラさえ整備すれば，魅力的な場所に変わる可能性を秘めている。

　ただ，Aくんは，地方には特有の閉鎖社会があり，都会しか知らないAくんや子どもたちにはなかなかなじめないのではないかという懸念ももっていた。おそらく，このような懸念は移動してくる人が増えると，解決されていくことになるのであろうが，どうせ知らないところに行くのなら，子どもたちの将来のことを考えると，中国語と英語が学べるシンガポールなどの海外に移住することだってあり得るかもしれないと考えていた。テレワークであれば，それも可能だからである。

地方自治体とテレワーク

　地方創生には，地方自治体の役割が大きいことは言うまでもない。ただ，地方自治体のなかでは，地方への移住を促進する政策を進める業務をになう人材が，なかなかみつからないこともある。そうなると外部からの人材調達が必要となるが，そこで鍵となるのが自営型テレワークと副業である。例えば兵庫県神戸市が，2020年9月，広報に携わる人材について，次の条件で募集したことが，話題になった[11]。

（1）勤務場所
　　原則として，登庁を伴わないオンラインでの業務
（2）勤務時間

勤務時間の設定はなし
（3）契約形態
　　業務委託

　民間企業でも，ヤフーが副業人材の募集をしていたことなどは，すでにみた（⇒第3章①）が，地方自治体も同じようなことをしているわけである。地方自治体は，地方にあるためにどうしても良い人材を集める点でハンディがあるが，テレワークで，かつ副業でもOKとすると，その問題も解決しやすくなるであろう。その地方自治体の近辺に住んでいなくても，働けるからである。
　ここで再び思い出されるのが，2017年に政府が発表した「働き方改革実行計画」である。そのなかの「柔軟な働き方がしやすい環境整備」という項目において，「テレワークは，時間や空間の制約にとらわれることなく働くことができるため，子育て，介護と仕事の両立の手段となり，多様な人材の能力発揮が可能となる。副業や兼業は，新たな技術の開発，オープンイノベーションや起業の手段，そして第2の人生の準備として有効である。我が国の場合，テレワークの利用者，副業・兼業を認めている企業は，いまだ極めて少なく，その普及を図っていくことは重要である」と記載されていた（⇒序章②）。
　テレワークと副業は「柔軟な働き方」ということで一まとまりになっていたが，神戸市が「自営型テレワークで副業」をする人材を募集していたように，なかでも自営型（非雇用型）テレワークと副業は相性がよさそうである（本来は，自治体職員自身のテレワークも求められるのであろうが）。そこでAくんは，自営型テレワークと副業の関係を，法的な面から調べてみることにした。

企業はなぜ副業を制限してきたのか

　法律は，労働者の副業を制限するルールを定めていなかったが，多くの会社は就業規則において，副業を原則として禁止し，許可がある場合にのみ許されるとしてきた。ところが最近では，政府の推奨もあり，これを認める会社が増えてきていることは，前述したとおりである（⇒第**3**章②）。明智書店でも，かつては副業を原則禁止としていたが，厚生労働省のモデル就業規則の改正にあわせて，労務提供上の支障，企業秘密の漏洩，会社の名誉や信用の毀損や信頼関係の破壊，競業により企業利益を害する場合以外は，副業が認められることになった。

　ただ会社における副業規制は緩和されても，副業を進めるうえで支障となる法的な問題があった。それが労働時間規制である。

　法律（労働基準法）では，複数の事業場で働いた場合の労働時間は通算するとされており，社員個人でみてトータルで1日8時間あるいは1週間で40時間を超えて働くと，割増賃金の支払い義務が会社に発生する。この支払いをするのは，本業側なのか，副業側なのか，あるいは分担するのか，ということは法律では書かれていないが，行政は，労働契約の締結の前後の順で，労働時間を通算するとしているので，通常は後に労働契約を締結した会社が割増賃金を支払うことになる。ただし現実には，本業の会社は副業先での労働時間はわからず，副業先の会社も，本業での労働時間のことはわからないことが多いので，社員が進んで自己申告しないかぎり，労働時間の通算は不可能である。そのため，この規定は実効性がほとんどないものであった。

　ただ，政府は副業を推奨する以上，労働時間の通算をどのように行うかは明確にしておく必要があった。そのため2020年9月に改訂された「副業・兼業の促進に関するガイドライン」では，原則は，

会社は「自らの事業場における労働時間と労働者からの申告等により把握した他の使用者の事業場における労働時間とを通算することによって行う」として，社員の自己申告による労働時間の把握を認めた[12]。自己申告でよければ，通算は可能であるが，厳格な把握はできない可能性が高いであろう。Aくんは，もし自分が別のところで副業をしていたら，副業先の労働時間を正直に明智書店に申告したりはしないし，副業先にも明智書店での労働時間の申告はしないだろうと思った。申告をすれば割増賃金がもらえることがあるとしても，あまりにも面倒だからである。それに割増賃金は，働き過ぎを抑制するために会社に義務づけられているものなので，本業と副業のそれぞれの会社では，それほど長時間働かせていないのに，それを通算して割増賃金の支払いと結びつけるのは，社員としてはありがたいが，法律として筋が通らないのではないかという感じもしていた。

　会社が副業を制限する理由としては，労働時間管理の観点からのもの以外に，会社は社員の健康に配慮する必要があるので，長時間労働をまねく副業は制限する必要があるというものもある。しかし，これは理由として弱いのではなかろうか。副業は，会社が命じて行うのではなく，社員自身の判断で行っているので，健康管理は社員自身に任せればよいであろう。社員に任せた以上は，副業が原因で健康に支障が出ても，それは社員の自己責任となるはずではなかろうか。それに，テクノロジーを使えば健康管理は自身でできることは，すでにみたとおりであり，自己管理・自己責任というのは無理な話ではない（⇒第**2**章③）。

　いずれにしろ，こうした法的な問題は，副業が，どこかの会社で雇用されて行う場合のみに関係する。副業の内容が業務委託などのフリーワーカーとして行うものである場合には，その時間は通算さ

れない。また会社が就業規則に定める副業の禁止には，フリーワーカーなどの自営の場合は含まないとしていることが多いようである。

　会社の本音は，自社以外の会社に雇われることによる「二重の忠誠」（俗な言い方をすれば「二股」）を嫌っているようなのである。正社員で採用された以上，自社だけに忠誠を尽くせということである。フリーワーカーであっても，長時間労働をすれば健康上の問題は出てくるはずであるが，それについてはうるさいことを言わない会社が多いのは，フリーワーカーとして働いても「二重の忠誠」とはみられないからであろう。

　地方自治体も，自営型テレワークであれば，労働法が関係してこないので，本業の会社のことを気にしないで，仕事を依頼することができる。

パラレルワーク

　会社側も，これからは，副業を制限していれば，良い人材を集めることはできないであろう。本来，勤務時間外の時間は，社員が自由に使ってよいものである。そうした時間にまで会社がとやかく言うことはおかしいことのように思える。それに，最近では，政府の推奨もあり，会社の考え方も副業に前向きになってきていることも注目される。副業の経験が本業にプラスになることがあるからである。秘密漏洩をしないといった基本的なことさえ守ってくれていれば，雇用型，自営型をとわず，副業を認めてよいというのが，最近のトレンドになってきている。

　働く側のほうも，今後は，本業や副業という意識をもたずに働くことが増えていくであろう。一度しかない自分の人生であり，そのなかでやりたいことは，いろいろあるはずである。これまでは，会社員として働くというのは，やりたいことの多くをあきらめるとい

うことを意味していた。しかし，現在では，そうした価値観が失われつつある。本業や副業の区別なく，複数の仕事を併行して行う「複業」型の「パラレルワーク」が注目されてきているのは，このためであろう。テレワークが広がることによって，自分の可処分時間が増えると，いっそうこうした複数の活動を併行して行いやすくなるであろうし，複業自体をテレワークで行うことも広がっていくであろう。将来的には，自営型テレワークをパラレルに行うといった働き方が標準的になるかもしれない。

　パラレルワークは，仕事だけの話であるが，自分の時間を仕事以外の社会活動など使うという生き方もある。これは「パラレルキャリア」と呼ばれたりもする。例えばテレワークが広がり，在宅で生活するようになると，自分の住む地域のためのプロボノ活動などの社会貢献に時間を使いたいと思う人が増えるかもしれない。前述の高年齢者雇用安定法の改正により追加された70歳までの就業確保措置のなかに，「事業主が委託，出資（資金提供）等する団体が行う社会貢献事業」に従事させる措置（例えばNPO団体で社会貢献活動をすること）が含まれていたことは，老後は社会貢献のために自分の時間を使うという人生計画を立てている人の後押しになるかもしれない。

　Ａくんも，コロナ禍でテレワークをすることによって，自分の住んでいる地域のことを知る機会が増えて，地域のために何ができるかということを考えるようになっていた。自分のような人が増えていくと，テレワークは，地域社会の活性化につながるのではないかと思えてきた。

② 地域社会とテレワーク

職住一体化

　Aくんは，テレワークのメリットには，職住が一体化し，人々の生活が地域回帰となるところにもあると感じていた。それはAくん自身が，コロナ以降にテレワークをすることになって実感したことであった。これまでのように，毎朝，会社に通勤するため自宅から離れ，日中は会社で働き，夜に自宅に帰ってくるという生活であれば，自宅にいる時間は限られていた。休日以外は，在宅時間の中心は睡眠だけということもあった。ところが，テレワークとなり，仕事も私生活も，すべて自宅を中心に行われるようになった。在宅勤務型だけでなく，サテライト／コワーキング型の場合も，自宅に近いオフィスで働く場合は同じであろう。このような働き方になれば，これまで自分の住んでいる地域のことに，それほど目を向けることができていなかった人も，それに関心を向ける余裕が出てくるはずである。日曜や休日の風景と平日昼間の風景はまるで違う。地域社会の平日昼間は，これまでは未就学や小学校低学年の子ども，主婦・主夫，引退した高齢者が主役の時間帯であったが，そこに会社員が入りこんでくるようになると，状況は大きく変わるであろう。

　自営で働く人は，もともと職住接近や職住一体なので，地域に関心をもっている人が多かったが，今後は，会社員のなかでも，Aくんのように地域に関心をもつ人が増えるにちがいない。そうなると，地方社会の姿も大きく変わっていくことが予想される。

シェアリングエコノミー

　ICT（情報通信技術）の発達は，社会のどこにどのようなニーズを

もつ人がいて，どこにそのニーズを充足させる人がいるかという情報をつなぎやすくした。つなぎ役となるプラットフォームビジネスも発達してきた。近年話題となっているシェアリングエコノミーでは，個人のもつ遊休資産が，それを必要とする他人との間でシェアされるが，それが広がってきたのも情報を仲介するインターネット上のプラットフォーム（⇒③でみるデジタルプラットフォーム）が発達してきたからである。

シェアリングエコノミーとは

「シェアリングエコノミーとは，インターネット上のプラットフォームを介して個人間でシェア（賃借や売買や提供）をしていく新しい経済の動きです。シェアリングエコノミーは，おもに，場所・乗り物・モノ・人・スキル・お金の5つに分類されます。」

「21世紀に入り，私たちはこれまで推し進めてきた過剰生産・過剰消費を見直すことが求められています。人々の消費スタイルは徐々に単独所有から共同利用へと変化しており，それは個々の生活を飛び越え，シェアリングエコノミーとして立ち上がりつつあります。」

出典：一般社団法人シェアリングエコノミー協会▶13

　シェアされる遊休資産としては，自分の所有する不動産（民泊ビジネス），自家用車（ライドシェアビジネス）が代表的だが，労働力（肉体労働，知識労働）という無形資産もある。

　自分の空いている時間に自分の労働力を提供するのは，遊休資産となっている自分の労働力を他人とシェアすることと同じと言える。前述した副業には，こうしたシェアリングの面もある。このほかにも，例えば，急に上の子どもが熱を出して病院に行かなければならないので，下の子どもの面倒をみてほしいという人のために，3時間だけベビーシッターをする，あるいは，急に社員が出勤できなくなった店のために，客の多い夕方の2時間だけ応援のアルバイトとして働く，というのも労働力のシェアリングの例である。

私たちが，日ごろ生活していくうえで，他人の助けを必要とすることはたくさんあるが，ICTを使うと，そうしたニーズにきめ細やかに対応したマッチングが可能となる。（単発で行う）ギグワークは，労働法が適用されないフリーワーカーの一種で，その身分の不安定さや処遇の低さが問題視され，雇用類似の働き方として，保護の対象とするかの検討がなされているのは，前述のとおりである（⇒第3章③）が，これとは全く異なる観点から，ICTを駆使してなされる自由で柔軟な働き方とみることもできる。ギグワークだけで生計を立てるとなると大変だが，空いている時間を使って，社会に役立つ活動をしているという意味では，これも立派な労働である。コロナ禍では，食品や生活必需品のデリバリーサービスに従事するギグワーカーのように，人々の生活に不可欠なサービスを提供する業務に従事する「エッセンシャル・ワーカー」と呼ばれる人もいるくらいである（⇒第3章③）。地域社会において，こうしたシェアリングは，とても重要な役割を果たしている。

　とはいえ，ロボット技術の発達は，こうした肉体的な労働力のシェアリングを，徐々に不要としていくかもしれない。ベビーシッターもアルバイトもロボットで代替できる時代が来るであろうし，将来的には，デリバリーの仕事も，ドローンや自動運転車による配送サービス（ロボマートのような，移動式の無人コンビニエンスストアなど）が出てくる可能性が高いからである▶14。

知識のシェアリング

　このようにみると，これからの社会では，単純労務に従事し，雇用類似の働き方をするようなタイプのフリーワーカーは減っていくと予想される。逆に今後の成長が期待されるのが，知識（無形資産）のシェアリングである。例えば，私たちは何か知りたいときに，デ

ジタルプラットフォームをとおして，その知識をもっている人を紹介してもらい，その人から知識の提供を受けることができる。例えば料理のつくり方やヨガのやり方といった，これまで教室に行って学んでいたことが，オンラインで学べるようになっている。知識の本質が様々な情報である以上，ICTの発達により，人々に伝達しやすくなるのは当然のことである。こうした知識を提供するのもテレワークの一つである。

　ただ情報は一度インターネットに公開されてしまうと新規性は失われ商品価値はなくなる。実は私たちはすでにかなり高度な情報を共有している。いまや百科事典がなくても，誰でも無償で簡単にWikipediaから情報を入手できる。学術専門誌に掲載されるような専門性の高い論文でも，インターネット上で閲覧可能である。法律の条文も，六法全書を購入しなくても，政府のWEBサイトに行けば誰でも知ることができる。インターネット上には，もちろんもっと日常的な情報もある。料理のレシピ，鳩の追い払い方から，ワインオープナーがないときでもワインを開けられる方法などまで，数え切れないほどたくさんの役立つ情報が無料で手に入る。

　もちろん，こうした情報提供をビジネスとしてやっていくには，誰もがアクセスできる情報に上乗せできるような新たな内容を提供できなければならない。ここでも知的創造性が重要なポイントとなる。それは大変なことのようだが，自分の専門とする分野において，何か新たな情報を創造することは，自分なりの社会への貢献となるし，そうした社会的価値があるからこそ，職業としてやっていけるものとなるのである。

　前述のように，ジャーナリストの仕事が，AIに負けないためには，知的創造性が必要である（⇒第**3**章③）が，それは社会に貢献するものであって初めて価値をもち，職業として認められることになる。

Aくんは，テレワークによって地元に密着した生活となるなかで，いかに地域に貢献し，さらにそれがより広い範囲の社会への貢献へとつながるのかという視点で仕事をすることの重要性を感じていた。そして，それが，独立してやっていくための鍵となるだろうと思っていた。

フリーワーカーが支える政治

　前述のように，フリーワーカーは，職住一体であることが多いので，地域に根ざして仕事をし，生活をしている。これまで地域社会を支えてきたのが，このような人たちであり，地方議会の議員も大半は会社員以外の人であった。会社へのフルコミットが求められる会社員では議員活動は難しいし，会社もそうした活動（これも副業の一種）を許してこなかった。法律（労働基準法）は，社員が公職への立候補をしたり，公職を執行したりする権利を保障しているが，公職に従事することによって業務に大きな支障がでた場合には，休職にしたり，状況によっては解雇したりすることもできると解されている。

　フリーワーカーであれば，誰にも気兼ねなく政治活動をすることができる。自ら首長や議員に立候補できるし，特定の候補者を熱心に支援することもできる。関心の対象は地方政治だけではない。一般に，自営で働く人は，中央政府のやることにも敏感である。コロナ禍でも明らかになったように，会社員であれば，会社という緩衝材があり，労働法でも守られているので，経済的打撃が必ずしも自身に直撃するわけではない（もちろん，会社の経済的苦境が継続すれば，リストラの対象となる可能性はあるし，実際にそうした事態も起きている）。しかし自営のフリーワーカーであれば，ちょっとした経済的打撃だけで，たちまち路頭に迷うことになりかねない。フリーワーカーに

とって頼れるのは，基本的には自分か政府だけである。持続化給付金のような中小企業やフリーワーカーへの支援策が比較的迅速に打ち出されたのは，こうした人たちが日頃から政治に敏感で，政府もそれに応えることで支持拡大につなげられるという思惑があるからであろう。自民党の支持者に伝統的に自営業者（農業従事者も含む）が多いのは周知の事実である。

芸能人の政治的発言

　近頃，芸能タレントが事務所から独立したという話をよく耳にする[15]。実はこうした独立の背景には，公正取引委員会の動きがある。同委員会が2018年に出した「人材と競争政策に関する検討会報告書」は，フリーワーカーの自由な働き方を制約するような業界慣行を，人材獲得をめぐる競争制限状況という視点から検討したものである[16]。この時期にこうした報告書が出たのは，働き方の多様化という当時の安倍政権の政策の流れに沿ったものであるが，その根底には，巷間に伝わる芸能事務所（プロダクション）と芸能タレントとの支配従属関係に，「優越的地位の濫用」という独占禁止法の概念を使って切り込む狙いがあったようである（⇒第3章③）。

　実際，この報告書が出たのち，公正取引委員会は動いた。2019年7月，男性アイドルグループのSMAPの一部メンバーが独立した後に，元所属事務所がテレビ局に対しその起用を見送るよう圧力をかけていたことについて，公正取引委員会は「注意」という措置（違反行為の存在を疑うに足る証拠が得られないが，違反につながるおそれがある行為がみられたときに，未然防止を図る観点からなされる措置）をとった。

　最も軽い「注意」にとどまったとはいえ，芸能界には大きな衝撃が走ったようである[17]。独占禁止法は，公共事業の入札談合や

GAFA（グーグル，アマゾン，フェイスブック，アップル）のような巨大企業の行為だけを問題とするのではなく，芸能事務所と芸能タレントとの関係のような個別の取引も対象とし，しかも違反の疑いがあると，公正取引委員会が乗り出してくることがわかったからである。

それから1年後，芸能タレントの行動で目を引いたのが，検察官の定年延長問題で，次々とSNS上に出てきた批判的ツイートである。かつてなら，こうした政治的な発言（とりわけ政権批判の発言）は，スポンサーに嫌がられ，タレントとしての価値を下げる可能性があるので，芸能事務所の支配が強ければ不可能なことであった。しかし，時代は変わった。事務所の意向に逆らったために契約を解除されても，元事務所の「優越的地位の濫用」となるような行為に対しては公正取引委員会が厳しく見張ってくれるし，かりにテレビ業界から干されても，YouTube等を使ってインターネットで配信して活動を継続することができる。YouTubeの威力は，「ピコ太郎」の大成功をみてもわかる。

芸能事務所に所属していれば，安定的に仕事があるし，自分たちのスキルを磨く手助けもしてくれるなどのメリットがあった。独立すると，自由を得る代わりに，そうしたメリットはなくなり，不安定な世界に身を置くことになる。芸能人は，通常，労働者ではないと解されているが，この状況は，これまで会社員であった者が，独立すると不安定になるというケースと似ている。

自分の力でやっていかざるを得ない状況になれば，政府のうちだす経済政策が，実は自分たちの活動に直結していることがわかってくるだろう。経済がうまくいかなければ，ビジネスもうまくいかない。芸能タレントが真の自営業者としての自覚をもったとき，政治に関心をもつようになるのは自然な流れと言えそうである▶18。

自営型テレワークが民主主義を支える

　近代的な民主主義を確立させたアメリカ独立革命（独立宣言は1776年）やフランス革命（1789年以降）は，会社員（雇用労働者）を生み出した産業資本主義が誕生する前に起きた。近代国家の建設者は，汗と才覚（および暴力）で築いた財産を守れるような統治システムを作ることを目的としていた。そこには，市民が労働によって得た財産を守るために政府が存在するという政治思想（ジョン＝ロックなど）が強く影響している。

　そこで民主主義の担い手と想定されていたのは，君主制の下での封建的支配体制に不満をもっていた新興の有産市民（商工業者），つまりブルジョワジーであった。フランス革命の推進勢力となったのは彼らである。またアメリカ独立宣言の起草者で，第3代大統領でもあるトマス＝ジェファソンは，独立自営農民が中心となる民主主義を考えていた（工業化が進む前のアメリカでは，自営業者の典型は独立自営農民であった）。

　それから約250年経過した現在，民主主義が定着した日本において，国民の多くは，会社員かその家族である。彼ら・彼女らは，政治への関心が相対的に低いと言われている。もちろん会社員にとっても，財産を守ることは大切である。ただ，そのために必要なのは，会社の指揮命令に忠実に従って働くことである。そうすれば，継続的に安定した賃金を得ることができ，あとは会社の裏切り（解雇など）を許さないように労働法がきちんと機能してくれていればよかった。

　しかし自営業者には，誰も指揮命令しないが，安定も与えてくれないし，労働法のような法的庇護もない。だから自分の財産を守ることへの意識が，会社員とは全く違ってくることになる。民主主義とは，自分たちの財産（加えて安全）を守ってくれる人を，自分た

図表 4-6　統一地方選（2015 年 4 月）における職業別投票参加率

無職（446 名中，60 歳以上は 387 名）	70.6%
経営者・役員	68.7%
主婦	63.8%
パート・アルバイト・契約・臨時・嘱託	56.1%
学生	56.0%
正社員・正規職員	55.4%
派遣社員	52.6%

出典：総務省・（公財）明るい選挙推進協会「18 回統一地方選挙全国意識調査」▶19

ちで選ぶシステムという意味がある。自営業者が増えると，投票率が高まり，政治家に緊張感をもたせる効果を期待できる（図表4-6）。

　地方自治は民主主義の学校と言われる。地方レベルでは，住民が，日常の身近な社会課題について，自分たちの代表をとおして解決をするという民主主義の基本的な機能が展開されやすいからであろう。今後，テレワークが定着し，職住接近・職住一体が進み，地域に関心を向ける人が増えると，日本の民主主義は大きく変わるかもしれない。とくに時間的にも比較的余裕のあるフリーワーカーのテレワークが増えると，なおさらである。コロナ禍のテレワークは，地域社会を変えるだけでなく，民主主義の強化に貢献するかもしれないのである。

　Aくんは，職業柄，時事的な動きには関心をもっていたが，これまでは政治的な問題にそれほど強い関心を払ってこなかった。それだけに，芸能人が，自分の力で立ち上がり，自分の政治的意見を表明する姿勢に，大いに刺激を受けることになった。テニスの四大大会での優勝経験もあるテニスプレーヤーの大坂なおみが，2020年の全米オープンで人種差別行動に抗議する態度をとりながらプレー

をしたことは記憶に新しい[20]。彼女は，2020年の「今年の女性ア
スリート」にも選ばれている。

　もちろん，芸能人やスポーツ選手は有名人で，公人的な要素もあ
り，普通の会社員や自営業者とは異なる。しかし，影響力のある彼
ら・彼女らの行動は，私たちが政治や社会の問題に無関心であって
はならないことを示してくれていると，Aくんには思えた。

③　デジタルプラットフォームの効用と危険性

仕事の仲介

　フリーワーカーとして働くときに直面する大きな問題の一つが，
どのように仕事を受注するのかであろう。良い注文者との出会いが
なければ，なかなか仕事の成功も期待できないはずである。会社員
の場合は，入職経路としては，広告や縁故が多いし，職業安定所
（ハローワーク）による公共の職業紹介サービスもある（図表4-7）。
一方，フリーワーカーにおいては，公共の職業紹介サービスはない
ので，まずは以前に所属していた会社から仕事を受注したり，知人
の紹介といった伝手や人脈に頼ったりすることになるであろう。A
くんの場合も，独立すれば当初は，明智書店で培った人脈を活用す
ることになるであろう。もちろんとくにテレワークにおいては，イ
ンターネットやSNSの活用も大いに考えられるであろう。

　ただ，インターネットでつながっているだけの場合，匿名性が高
く，注文者側もフリーワーカー側も，互いの情報を全くもっていな
いというのが普通である。注文者側からすると，相手がきちんと仕
事をしてくれるかどうかが不安であるし，フリーワーカー側からす
ると，相手がきちんと報酬を支払うかなど，こちらの仕事に対して
適切に対応してくれるかが不安であろう。インターネットはマッチ

214

図表 4-7　入職経路別入職者比率　　　　　　　　　　（%）

	職業安定所	ハローワークインターネットサービス	民営職業紹介所	学校	縁故	出向・出向先からの復帰	広告	その他
入職者計	20.1	4.4	2.7	6.0	21.8	3.3	35.8	5.9
新規学卒者	13.5	3.8	1.6	33.6	8.1	0.7	32.7	6.1
新規学卒者以外の未就業者	18.4	4.2	1.5	1.9	21.5	0.7	46.8	4.9
既就業者（転職入職者）	22.1	4.6	3.4	1.2	25.0	4.7	32.9	6.3

出典：厚生労働省「労働市場レポート第 41 号　入職者の入職経路に関する分析」（2014 年）▶21

ングの可能性を広げるが，それだけ信用情報のない者同士が出会う
可能性も高める。こうした場合に双方の信用をつなぐ役割を果たす
のが，前述のシェアリングエコノミーでも重要な役割を果たしてい
ったインターネット上の仲介の場であるデジタルプラットフォーム
である。

　会社員の場合，とくに正社員とは長期的な関係を築くことになる
ため，会社は，どうしても本人の潜在的な能力など人格にかかわる
情報の入手を求めようとする。新規学卒者の採用の場合には，職歴
がないので，そうした情報しか入手できないという面もある。最高
裁は，1973 年の判決で，会社には採用の際には広範な調査の自由
があるとして，求職者の人格に関わる情報（例えば思想や信条）の取
得にも寛大な態度を示した（三菱樹脂事件）▶22。しかし，今日では，
こうした情報は本人のプライバシーなど人格的利益にかかわるもの
とされており，会社は容易には入手できない。すでにみた個人情報

図表 4-8　職業安定法上の個人情報保護ルール

（1）職業紹介事業者等（求人者も含む）は，その業務の目的の範囲内で求職者等の個人情報を収集することとし，次に掲げる個人情報を収集してはならないこと。ただし，特別な職業上の必要性が存在することその他業務の目的の達成に必要不可欠であって，収集目的を示して本人から収集する場合はこの限りでないこと。

- ❶人種，民族，社会的身分，門地，本籍，出生地その他社会的差別の原因となるおそれのある事項
- ❷思想および信条
- ❸労働組合への加入状況

（2）職業紹介事業者等は，個人情報を収集する際には，本人から直接収集し，または本人の同意の下で本人以外の者から収集する等適法かつ公正な手段によらなければならないこと。

保護法の規制があるし（⇒第1章②），職業安定法の指針にも制限がある（図表4-8）。

　これに対し，フリーワーカーの場合には，注文者がほしい情報は，人格的な部分よりも，仕事を完成させる能力に関するものが中心となるので，プライバシーとの抵触は起こりにくくなると思われる。デジタルプラットフォームが，フリーワーカーや企業の信用に関する情報を管理することは，より良いマッチングを実現するためにも重要であろう。

　実は会社員であっても，テレワークが広がり，働き方もジョブ型に変わっていくと（⇒序章④），人格的な情報の重要性が相対的に下がっていくことになるので，デジタルプラットフォームを活用しやすいかもしれない（プライバシーの侵害をせずにマッチングがしやすい）。

デジタルプラットフォームとは

　デジタルプラットフォームは，もちろん人材の仲介だけに関係するものではない。デジタルプラットフォームとは，公正取引委員会

の文書によると，「情報通信技術やデータを活用して第三者にオンラインのサービスの『場』を提供し，そこに異なる複数の利用者層が存在する多面市場を形成し，いわゆる間接ネットワーク効果が働くという特徴を有するもの」と定義されている（「間接ネットワーク効果」とは，多面市場において，一方の市場におけるサービスにおいて利用者が増えれば増えるほど，他方の市場におけるサービスの効用が高まる効果をいう）▶23。また，「デジタルプラットフォーム事業者」とは，オンライン・ショッピング・モール，インターネット・オークション，オンライン・フリーマーケット，アプリケーション・マーケット，検索サービス，コンテンツ（映像，動画，音楽，電子書籍等）配信サービス，予約サービス，シェアリングエコノミー・プラットフォーム，ソーシャル・ネットワーキング・サービス（SNS），動画共有サービス，電子決済サービス等であって，前記の特徴を有するデジタルプラットフォームを提供する事業者をいう，とされている。

つまり，ICTやデータを活用して第三者に提供されたオンラインのサービスの「場」が，デジタルプラットフォームである。そして，こうした場を提供する事業者は，「革新的なビジネスや市場を生み出し続けるイノベーションの担い手となっており，その恩恵は，中小企業を含む事業者にとっては市場へのアクセスの可能性を飛躍的に高め，消費者にとっては便益向上につながるなど，我が国の経済や社会にとって，重要な存在となっている」とされている。

アマゾンはなぜ成功したのか

私たちの社会は，様々な分野でデジタルプラットフォームが登場することにより，これまでは物理的な制約があって，つながりたくてもできなかった人たちが，つながることができるようになった。フリーワーカーと注文者とのマッチングも，その一例である。

また明智書店のような書籍を販売する会社の例でいうと，アナログ時代は，本を売りたい人（出版社・著者）と買いたい人（読者）とのつながりを広げることは容易ではなかった。本屋というリアル店舗における本との偶然の出会いや，新聞や雑誌の書評，広告，知人の評判などの情報が頼りであった。

　ところが現在，読者は本を購入したいと考えれば，アマゾンのサイトに行けばよい。そこで自分の関心のあるテーマを検索すると，いくつかの本がヒットする。それぞれの本についての内容や著者の情報が掲載されている。おまけにカスタマーレビューもあるし，そのレビュアーの情報まである。試し読みができる場合もある。本の購入の決断をするために足りないものは，リアル本の実感と本全体の試し読み（立ち読み）だが，それがなければ購入決断ができないほどのことではない。むしろリアル店舗に行かなくても，早ければ翌日には自宅に届けてもらえるメリットは大きい（電子書籍なら，その場でダウンロードできる）。こうなると，アマゾンで買わない手はない。そういう読者が増えると，売り手のほうもアマゾンに出品しないわけにはいかなくなる。出品が増えると，ますますアマゾンを利用する読者が増える。この相乗効果で，アマゾンなしでは書籍が売れないようになる。これがネットワーク効果である。最初にこの場をうまく設定できたプラットフォーム企業は，このネットワーク効果により，規模をどんどん拡大し，「勝者総取り（Winner-take-all）」状態となる。

　しかも，アマゾンは，単に「つながる場」を提供しているだけではない。アマゾンに蓄積する利用者の膨大なデータが，新たな価値を生み出す。例えば，アマゾンから送られてくるレコメンドメールがある。アマゾンは，購買歴のデータをAIに分析させて，本人のほしそうなものを推奨してくるのである。しつこく送られてきても，

メールなので，人間の営業のようには気にならないし，セールストークで騙されそうになることもない。気に入らなければ無視すればよい。でも実際には気になるので，推奨された商品をとりあえず確認したくなる。その結果，購入することもある。AIによって自分の嗜好を分析されているのは気持ちの良いものではないが，反面，どのような本を推奨してくるか楽しみにしている人もいるであろう。生産者側からすると，広告には無駄はつきものだが，買う可能性の高い人に集中して広告を出せるなら，その無駄を大きく減らせる。だから，ターゲティング広告への需要は高い。グーグルも検索サイトで吸い上げた個人データから，その嗜好を分析して検索連動型広告というビジネスモデルを開発して，大きな成功を収めた。

　明智書店も，アマゾンをとおした販売を続けているが，その手数料は重くのしかかっている。ただ現実には，アマゾンを通さずに販売することは不可能なので，不本意ながらアマゾンなしではビジネスが成り立たなくなっている。

　このように，デジタルプラットフォームというビジネスモデルは，市場を支配して独占的な状況を生み出し，優越的な地位で取引をすることになりやすい。これがただちに不公正な取引に該当するわけではないが，2019年に，公正取引委員会が，「デジタルプラットフォーム事業者と個人情報等を提供する消費者との取引における優越的地位の濫用に関する独占禁止法上の考え方」を発表し，独占禁止法違反に該当しうる行為類型を示して（利用目的を消費者に知らせずに個人情報を取得することなど），アラートを発したのは，そうした懸念に配慮したものであろう。さらに2020年4月には，政府は「特定デジタルプラットフォームの透明性及び公正性の向上に関する法律」を制定した（2021年2月1日施行）▶24。デジタルプラットフォーム企業が事業者と取引する場合の透明化（情報開示など）を目指し

たものである。

人材のデジタルプラットフォームへの規制

　ところで，会社員の仲介については，政府の公共職業安定所（ハ
ローワーク）や民間事業者の職業紹介が代表的であるが，前記のよ
うに全体的にはそれほど利用されていない。とくに民間の有料職業
紹介（職業紹介ビジネス）は，人材ブローカーの人身売買につながり，
人権侵害の温床になっていたという歴史も反映して，現在でもなお
厚生労働省の許可がなければできない。人材会社が雇用した労働者
を他の会社に派遣して，その指揮命令下で働かせるという労働者派
遣ビジネスも，人材の仲介の一種であるが，1985年までは非合法
であったし，解禁後もいろいろ規制の変遷を経たあと，現在では例
外なく厚生労働大臣の許可が必要となっている。

　一方，フリーワーカーの仲介には，このような規制は存在しない。
歴史的には，フリーワーカーになるような人は専門性が高い仕事に
従事してきたので，人身売買の弊害などはなかったからである。し
かし，自営型テレワークのように，仲介事業者のなかでもデジタル
プラットフォームへの依存度が高くなってくると，立場が強くなっ
てきているデジタルプラットフォームへの規制がなくてよいのか，
という問題が生じてきた。

　このようなこともあり，第3章でもみた「自営型テレワークガイ
ドライン」は，仲介事業者に対して，最もトラブルが起こりやすい
仲介手数料について，ガイドラインを設けた[25]（図表4-9）。

　ただ仲介事業者についても，三つタイプがあり，そのどれである
かによって，生じる問題もかなり異なる（図表4-10）。

　とくに❸のタイプの仲介事業者の場合は，仲介する事業者自身が
直接的に責任を問われるべきとする考え方もある。前述したように，

図表 4-9　仲介事業者の遵守事項

仲介手数料，登録料，紹介料，システム利用料等の名称を問わず，自営型テレワーカーから仲介に係る手数料を徴収する場合には，仲介事業者は，手数料の額，手数料の発生条件，手数料を徴収する時期等を，自営型テレワーカーに対し，あらかじめ，文書または電子メール等で明示してから徴収すること。
仲介事業者は，注文者と自営型テレワーカーとの契約成立時に手数料を徴収する場合には，個々の契約を締結するに際し，自営型テレワーカーに対し，手数料の額等を明示すること。

出典：「自営型テレワークガイドライン」

図表 4-10　仲介事業者のタイプ

❶他者から業務の委託を受け，当該業務に関する仕事を自営型テレワーカーに注文する行為を業として行う者（業務を仲介している事業者自体が，自営型テレワーカーとの関係では注文者となる）。
❷自営型テレワーカーと注文者との間で，自営型テレワークの仕事のあっせんを業として行う者。
❸インターネットを介して注文者と受注者が直接仕事の受発注を行うことができるサービス（いわゆる「クラウドソーシング」）を業として運営している者。

出典：「自営型テレワークガイドライン」

ライドシェアサービスのウーバーとそのドライバーとの間に雇用関係を認めるという動きも，その一つである（⇒第3章③）。ただ，この動きは，フリーワーカーが雇用されて働く会社員に近い働き方をしているからというよりも，デジタルプラットフォームの強大な支配力が，会社が社員に対して及ぼす支配力と類似であるので，それを野放しにしていてはいけないという問題意識に基づくものである。その意味では，前述のデジタルプラットフォームに対して独占禁止法の適用を強化しようとする動きと，一脈相通じているとみるべきなのかもしれない。

究極のビジネスモデルか

　注文者とワーカーとの間で適正に契約が成立するよう尽力するの
が仲介事業者の重要な責務であることは言うまでもない。しかし，
今日のデジタルプラットフォームの状況を考えると，人材の仲介で
は，こうした契約を単にあっせんするだけの役割にはとどまらない
可能性もある。ビジネスモデルでみれば，これはBPOの究極の姿
とみることができそうである（⇒第3章①）。ある企業が，それまで
やっていた業務をアウトソーシングし，仲介役に徹することにした
ビジネスモデルと言えるからである。何も生産しないデジタルプラ
ットフォームが収益を上げることができるのは，他人に商品を生産
させたり，サービスを提供させたりする一方で，それを買う人を連
れてくることによって，その取引の場代（仲介料）をとっているか
らである。

　ただ，こうしたビジネスモデルには批判もある。再びライドシェ
アサービスのウーバーの例でいえば，同じように人間の運送サービ
スを活用したビジネスでありながら，既存のタクシーやハイヤーの
業界では労働法の規制を受けて，それだけ利益も抑えられるのに対
して，他方は労働法の規制を受けずに利益を伸ばすことができる。
これをある種の不正競争ではないかと疑念を抱く人もいるようであ
る。ウーバーのドライバーの労働者性をめぐる議論（⇒第3章③）は，
チープレイバーを活用することによる不正競争を避けるべきである
というタクシー業界からの反発も背景にあるようである。

AIは新たな支配者か

　自営型テレワークも，今後，有力なプラットフォームが登場して，
そのプラットフォームなくしては，ワーカーは仕事をみつけること
ができなくなり，発注側もワーカーをみつけることができなくなる，

といった事態が生じる可能性は十分にある。前述のように，このビジネスモデルでは，ネットワーク効果やスケールメリット（規模が拡大するほど生産の効率が高まること）が働くからである。デジタルプラットフォームの優越的地位の濫用は，受注側のワーカーに対してだけでなく，発注側の会社・個人に対しても起こりうることである。

　労働法は，従来，商品（財やサービス）を生産する会社が支配者となり，労働者がその指揮命令下で働くという従属状況に着目してきた。商品を生産する「会社」vs. そこで雇用される「労働者」というのが，労働法が慣れ親しんできた構図である。ところが，新たな支配者であるデジタルプラットフォーム企業は，インターネット上で商品の生産者と消費者といったグループをつなげる場を提供しているだけで，自らが商品を生産しているわけではない。それにもかかわらず，そこに参集するすべての者（そこには事業者も含まれるし，個人の発注者，さらにワーカーも含まれる）に絶大な支配力を発揮するという新たな構図が現れている。ウーバーのドライバーを労働法で扱うか，独占禁止法で扱うかという前述した論争（⇒第**3**章③）は，新しい問題を，古い法律の枠組みで対応しようとしているから，なかなかうまい出口がみつからないとも言えそうである。自営型テレワークが発展していくためには，この新たな支配者の登場にどう備えるかも考えておく必要がありそうである。

　もっとも，場を提供して仲介料で利益を上げるというビジネスモデルは，いつまでも続かないかもしれない。リアル空間での労務提供は，機械による自動化が進む可能性が高い。例えば，自動運転が広がると，ヒトやモノを運送するのは人間ではなくなる。そこにまでただちに行かないとしても，商品の提供者と利用者とのマッチングは，AI が自動的かつ的確に行うことはすでに可能である。労働においても，例えば，プロファイルを登録した求職者と，求人情報

を出した求人会社との間を，AIが最適なマッチングをすることができるのは前述のとおりである。従来，人が関与していた選考のプロセスを省略し，AIが求人会社にショートリスト（候補者を絞り込んだリスト）を提供することもできる。今後，完全テレワークが広がると，面接はオンラインとなり，その動画から得られるデータもAIによる分析対象となり，マッチングの精度はいっそう高まることになるであろう。ある事業プロジェクトに必要な人材も，AIが瞬時に最適な人材を提案してくれて，マッチングはそこで終了である（その人材がオファーを断れば，また次の最適人材の提案があり，それが繰り返されるだけである）。つまり，仲介に人手は不要となるのである。

　こうなると，AIこそが真の支配者となりそうである。「支配あるところに責任あり」という法の原則はあるが，それによれば，責任を負うのはAIということになるかもしれない。これは，AIが人間の「意思決定」を代替するようになったとき，AIの責任をどう考えるかという重要問題につながっている。Aくんは，AIに責任を負わせることにはピンとこないと感じながらも，AIがそれを利用している人間から独立して自律的に判断をしているとすると，人間側に責任を負わせることも難しいような気がしていた。これは人間がAIを利用することそのものを，どのようにコントロールしていくべきかという問題と関わっているようである[26]。

4　デジタル社会の落とし穴

信用はどこから来るのか

　③でもみたように，フリーワーカーとして成功するためには，自分自身の能力やスキルについて，どこまで社会的信用があるかが重

要なポイントとなりそうである。

　それまで働いていた会社や懇意の取引先との間で仕事の継続ができるならともかく，新たに顧客を開拓しなければならないとき，名刺に書かれている自分の名前だけでは，何のアピール力もないはずである。これまで取引先が会ってくれていたのは，名刺に書かれている自分の名前の力ではなく，その横に書かれている会社の名前のおかげだったからである。

　しかも，会社の看板による信用は，最初に会ってもらえるかというところでは意味があるが，その後，信用を維持できるかどうかは，個人の力による部分も大きいはずである。私たちが，その他人を信用できるかどうか評価するときには，通常，本人に実際に会って話をし，そこから入手した様々な情報から，自分の経験則に照らして判断を行う。もちろん，その人が○○会社の社員であることは，判断要素の一つとなるが，それがすべてではない。それだったらむしろ，自分が信用している人の推薦があることのほうが価値は高い。信用はこうして連鎖していく。最近増えているリファラル採用も，会社は，信用できる社員の紹介だから当てにするのである。

　ただ，こうしたアナログ的な信用形成の方法は，デジタル社会では大きく変わりつつある。ここでも主役はデータである。

信用スコア

　一般には，フリーワーカーが金融機関から金を借りることは容易ではない。収入が不安定とみなされ，経済的な信用が低いからである。しかし，フリーワーカーにもいろいろな人がいる。平均的にみると会社員より信用度が低いとしても，個人でみると，高い信用に値する人もいる。こういう人に貸し付けがなされないのは，金融機関にとっても，フリーワーカー本人にとっても不幸なことである。

そこで活用されるのが「信用スコア」である。中国のアリババグループの「芝麻信用」が有名だが，日本でもみずほ銀行とソフトバンクが開発した「Jスコア」がある。低信用の人でも，自己の情報を登録してAI（人工知能）によって高いスコアを得られれば，低い金利で融資を受けられる。偏見によって信用を低く評価されていたフリーワーカーも，これによって資金を得て，ビジネスで成功するチャンスをつかむことができる。

　もちろん信用スコアには危険もある。とくにこれが金融以外の場面でも広く活用されると，AIによって私たちの社会的な格付けがされるということになりかねない。低い信用格付けであれば，金融機関のサービスで不利となるだけでなく，社会生活のあらゆる場面で差別を受けるかもしれない。

　そもそもAIは，個人の実像をわかっているわけではない。あくまでデータに基づく推測をしているにすぎない。AIが学習するデータに誤りがあることもある。個人が自分のデータを誤って入力することもある。さらに，後述のように学習データのなかにバイアスが混入する危険性もある。信用スコアには，このような危うさがあるのである▶27。

HRテックの危険性

　すでにみた「HRテック」（⇒第1章②）は，人事管理とテクノロジーとの融合をさせるものである。求職者や労働者のデータをAIで分析すると，採用や配属などの人事上の重要な決定に活用することができる。これまでは，求職者や社員の評価は，経営者や上司が，勘や経験に基づいて行うのが一般的であった（「彼は，うちの会社に向いている感じがする」など）が，AIならデータによって客観的に判断する。AIの出す結論は，なぜそうなるかの理由が示されない（ア

226

カウンタビリティがない）のが欠点であるが，人の手が介在していないこと自体が，一定程度の公正さの証明となるという見方もできる。

　フリーワーカーも，取引先の担当者のアナログ的な評価によれば信用度が低くても，AIを活用してくれれば，実力を正当に評価されて取引が成立することがあるかもしれない。

　もちろん前述のように，データのエラーなどがあれば，AIは的確な予測ができない。またデータが少なすぎたり，データを収集した対象に偏りがあったりすると，予測の精度が下がる。ただ，こういうことは，注意をすれば改善できる。

　より深刻なのは，データのなかに社会や会社に無意識に存在する偏見が入り込むことである。例えば，女性は勤続年数が短い傾向にあると決めつけて，重要な業務に配属せず，それゆえ昇進・昇格に男性と差が付いていた会社における過去のデータでAIに学習させると，女性に不利なモデルが形成され，それが採用の際の判断に適用されていくと，差別が再生産されることになる。もし女性のフリーワーカーが，どんなに頑張っても仕事を受注できないときには，過去の担当者の女性への偏見を反映した取引データが，AIのアルゴリズムに入り込んでしまっている可能性を疑ったほうがよいかもしれない。

　このように，AIの下す判断が社会的に公正なものであるという保証は全くない。つねに人間が法的ないし倫理的なチェックをしておかなければ，AIは社会に偏見をまき散らすことになる。

　こうした事態を回避するためには，少なくとも重要な決定では，AIだけの自動的な判断に任せないという方法をとることも考えられる。AIと人間の協働は，「ケンタウルス（ギリシャ神話に出てくる下半身は馬で，上半身は人間という怪物）」モデルと言われており，その意味は多義的だが（最近では，AIを活用して人間がいっそうパワーア

ップする職業の人たちを「デジタル・ケンタウルス」と呼ぶこともある），AIの力と人間の倫理的判断の協働も，このモデルの一例に含めてよいであろう。欧州のGDPR（一般データ保護規則）により，重要な影響がある決定において，人間を介在させずにプロファイリングなどによる自動的な処理をすることを規制しているのは，すでにみたとおりである（⇒第1章②）。日本でも内閣府において，人々がAIに過度に依存することなく，多様な人々の多様な幸せの追求のためにAIを活用する，持続可能な社会を目指すための7原則（AI社会原則）を提案している[28]（図表4-11）。

　もちろん，人間の関与は，こうした倫理的なチェックだけが目的ではない。例えば人事管理を全面的にAIに任せると，AIに不信感をもつ社員にとっては納得性がなくなり，かえってモチベーションが低下するおそれがある。完全テレワークで，上司との直接的なコンタクトがないなかで，AIだけで評価すると，これに不満をもつ社員が増える可能性もある。これでは生産性が下がってしまい，会社がHRテックを導入する意味がない。社員の納得性を高めるためにも，AIの判断が社会に広く認知されるまでは，会社は，人事などに関する重要な意思決定には必ず人間が関与すると同時に，決定結果について社員に丁寧に説明をすることが望ましいであろう。

BYODの危険性

　デジタル社会の危険性という点では，サイバーセキュリティも挙げておく必要があろう。会社が社員に自分のタブレットやノートパソコンなどを使って仕事させることを，BYOD（Bring your own device）という。雇用型テレワークで，社員に自宅で個人のパソコンを使って業務をすることを認めるのもBYODの一種である。BYODは，会社にとっては，パソコン等を供与しなくてよいので費

図表 4-11　持続可能な社会を目指すための 7 原則（AI 社会原則）

(1) 人間中心の原則

AI は人間の能力や創造性を拡大する。

AI の利用にあたっては，人が自らどのように利用するかの判断と決定を行う。

(2) 教育・リテラシーの原則

AI に関わる政策決定者や経営者は，AI を社会的に正しい利用ができる知識と倫理を持っていなければならない。

AI についての教育環境が全ての人に平等に提供されなければならない。

(3) プライバシー確保の原則

AI の利用においては，個人の自由，尊厳，平等が侵害されないようにすべきである。

個人に害を及ぼすリスクに対処するための技術的仕組みや非技術的枠組みを整備すべきである。

(4) セキュリティ確保の原則

全体として社会の安全性および持続可能性が向上するように努めなければならない。

AI の利用をめぐるリスク管理のための取組を進めなければならない。

(5) 公正競争確保の原則

特定の国に AI に関する資源が集中した場合でも，その支配的な地位を利用した不当なデータの収集や主権の侵害が行われる社会であってはならない。

AI の利用によって，富や社会に対する影響力が一部のステークホルダーに不当過剰に偏る社会であってはならない。

(6) 公平性，説明責任および透明性の原則

AI の設計思想の下において，人々が多様なバックグラウンドを理由に不当な差別をされることなく，全ての人々が公平に扱われなければならない。

AI の用途や状況に応じた適切な説明が得られなければならない。

AI の利用・採用・運用について，必要に応じて開かれた対話の場が適切に持たれなければならない。

(7) イノベーションの原則

人材・研究の両面から，国際化・多様化と産学官民連携を推進するべきである。

AI を効率的かつ安心して社会実装するため，AI に係る品質や信頼性の確認に係る手法，AI で活用されるデータの効率的な収集・整備手法，AI の開発・テスト・運用の方法論等の AI 工学を確立しなければならない。

あらゆる分野のデータが独占されることなく，国境を越えて有効利用できる環境が整備される必要がある。

政府は，あらゆる分野で，AI 技術の社会実装の阻害要因となっている規制の改革等を進めなければならない。

出典：統合イノベーション戦略推進会議決定「人間中心の AI 社会原則」

用の節約になるし，日頃からパソコンを使っている社員にとっては，慣れている機器を使って仕事ができるので，働きやすく，結果として，生産性も高まるであろう。現在，コロナ禍で急に必要となったテレワークへの対応のため，BYODを導入している会社は多いようである。

　ただBYODには，情報漏洩のリスクがつきまとう。総務省は，「テレワークセキュリティガイドライン」を発表して，注意を喚起しているし[29]，情報セキュリティの専門機関である「内閣サイバーセキュリティセンター（NISC）」も，テレワークにおける留意すべき事項を公表している[30]。

　社内でのネットワークであれば，ファイアーウォールで守られているが，社員が私物の端末で取引先と情報のやりとりをしたり，VPN（Virtual Private Network）を通じて会社のネットワークに接続したりする場合に，どこかでセキュリティに穴があれば，ハッキングされて情報が抜き取られてしまう危険がある。実際に，セキュリティに厳しい大企業であっても，そういうことが起きている。

　サイバー空間とリアル空間が融合するSociety5.0の時代には，サイバー空間での危険がリアル社会に及んでくる。例えば，通貨がデジタル化すると，自宅に現金を置かないようになり，火事にも泥棒にも強いと言えそうだが，窃盗はサイバー空間でも起こりえる。実際，ビットコインの流出のようなことがあったし，最近では，ネット上の銀行口座から預金が無断で引き出される事件も起きている。

　私たちは物理的な安全には敏感だが，今後はそれだけでは不十分で，サイバー空間でのセキュリティにも注意しなければならない。だからといって，会社が社員にテレワークをさせることを逡巡するのは過剰反応であろう。会社がしっかり対策をとれば，被害は最小限に食い止められる。自社の社屋でどんなに厳重にセキュリティ対

策をとっても，強盗の侵入を完全に阻止できないが，できるかぎりの手段をとれば，そう頻繁には被害にはあわないのと同じである。ただ，サイバーセキュリティは，敵の進歩も早いので，それに負けないようなスピード感は必要であろう。

もう一つのセキュリティ

　自営型テレワーカーの場合，当然，仕事用のパソコンやタブレットは個人のものである。セキュリティ対策も，頼るべき会社はないので，自分でやる必要がある。

　今後は，サイバー空間上で，すべての取引プロセスが完結することが普通となろう。契約の締結から，成果物の引渡し，報酬の支払などもすべて Web 上のこととなる。そうなると，一度も会うことのない取引相手との取引をどのようにして的確に行うことができるかが重要となるが，もはやアナログ的な手法はとれない。データのやり取りを行う相手がなりすましでないことを確認するための電子署名と認証のシステムや，契約取引が行われた時刻を正しく記録するタイムスタンプなどのデジタル技術の活用が不可欠である。

　もっとも，こうしたセキュリティ対策は，自営型テレワークの取引だけでなく，日常生活の多くのことがオンラインで行われるようになると，社会に不可欠のインフラとなるはずである（大学では，将来，オンライン入試のなりすまし受験をどうするかなどが重要となる）。そこは政府の出番であり，実際，前述のNISCが，サイバー被害の対策に取り組んでいる。とくにNISCでは，設計段階からの「セキュリティ・バイ・デザイン」という考え方で，抜本的なサイバーセキュリティ対策を実施しようとしている点が注目される。サイバー空間は，人間が技術的に構築した建造物（アーキテクチャ）である。そこにはリアルな建造物の火災報知器などと同様の，様々な安全対

策が必要である▶31。

　サイバー空間で仕事を展開する自営型テレワーカーも，サイバーセキュリティの重要性を，まだそれほど認識していないかもしれない。自営型テレワーカーらフリーワーカーにとってのソーシャルセキュリティ（社会保障）の重要性は前述した（⇒第3章②）が，サイバーセキュリティも，これに負けずとも劣らない重要なセキュリティ問題である。痛い目に遭うまえに，備えが必要である。そのためにも，教育の役割は大きい。サイバーセキュリティの基礎知識は，情報リテラシーの一つとして，小学生から学ぶべきことであろう。

デジタルデバイドを生まないために

　会社のなかには，テレワークを導入したくてもできないところもある。ただ，新型コロナショックではっきりしてきたのは，テレワークを導入できない会社と導入できた会社との間の格差である。それは現在の事業の継続可能性から，将来の事業の発展性にまで及ぶ。助成金の申請でも，オンラインでできる会社といまだに郵送やファックスでしかできない会社との間では差がついていることであろう。

　こうした会社間格差は，そこで働いている社員の労働条件や労働環境の格差にもつながる。すでにみたように，オンライン対応ができていない会社には，優秀な人材は集まらなくなり，ますます格差は拡大していくことになろう。

　さらに会社だけでなく，知識や情報の面でオンラインを活用できる人とそうでない人の格差も深刻になりつつある。テレワークは，こうしたオンライン利用のなかの一要素にすぎないが，テレワークをしているかどうかは，労働者自身がデジタル技術のもつ利便性を享受できているかどうかを示す指標である。テレワークができてい

ない人は，自分では気づいていなくても，実は不便な働き方を強いられているのである（それに気づかなければ，それはそれで幸福かもしれないが）。これからの主たる働き方になる自営型テレワークの流れにも乗れないことになる。そして，それは貧困につながっていく危険性があるのである。こうしたデジタル格差（デジタル・ディバイド，デジタルデバイド）の危険性に警鐘を鳴らし，国民が貧困に陥ることがないような措置を講じていくことも，広い意味でのソーシャルセキュリティの一種であり，社会のセーフティネットとして重要だと思われる。

デジタル・ディバイドの定義

> 「デジタル・ディバイドとは，『インターネットやパソコン等の情報通信技術を利用できる者と利用できない者との間に生じる格差』のことをいう。具体的には，インターネットやブロードバンド等の利用可能性に関する国内地域格差を示す『地域間デジタル・ディバイド』，身体的・社会的条件（性別，年齢，学歴の有無等）の相違に伴う ICT の利用格差を示す「個人間・集団間デジタル・ディバイド」，インターネットやブロードバンド等の利用可能性に関する国際間格差を示す『国際間デジタル・ディバイド』等の観点で論じられることが多い。」

出典：総務省「情報通信白書（平成 23 年版）」▶32

　Aくんは，自分自身はデジタル化にはそれほど精通しているわけではないと自覚していた。明智書店の先輩たちをみていると，自分よりもはるかにアナログ的な働き方をしていて，デジタルに背を向けている人が多いので，自分が進んでいると錯覚しそうになるが，新入社員や同世代でもデジタルに強い同僚をみていると，自分ももう少し勉強しておく必要があると，すぐさま考えを改めることになった。それに，これからの時代は，デジタル化についていかなければ，行政サービスも受けられなくなるし，日常生活に支障が生じることになるのではないか，とも感じていた。エストニアのような電子政府もあり▶33，日本もいつ同じようにならないとも限らない。

そのためには，もっとデジタルスキルをアップする必要があると感じていた。

　デジタルデバイドが現に存在しているから，デジタル技術を使わないほうがよいと主張する人もいるが，それは後ろ向きの間違った考え方であろう。格差の撲滅という根本的な問題の解決につながらないからである。デジタルトランスフォーメーションは不可逆的に進行していく。現実にデジタル格差があるなら，それを解消して，デジタル技術の恩恵があまねく及ぶようにするためにはどうすればよいかを考えるのが，正しい対策であろう。

　全国どこででもインターネットがつながる通信環境を整備し，国民全員にタブレットなどの端末を配布し，使い方がわからない人には専門家（理系大学生のアルバイトでよい）を派遣するくらいのことはやってもらいたい。格差があるというと，すぐに弱者に同情したり，現金を配ったりすることだけを考える政治家がいるが，それは無責任な態度のように思われる。安易な税金の使い方は，自分たちの子や孫の世代にツケを残すことになる。弱者から脱却できる技術があるのだから，それを積極的に利活用することこそ必要なはずである。

　Ａくんは，テレワークをするかどうかというようなレベルで議論しているようではいけないのだろうなと思った。少なくとも，誰もが望めばテレワークができる環境を整備していなければ，話は始まらないのではないか。政府にはもっと頑張ってもらわなければならない。Ａくんも，芸能人たちに刺激されて，政治に目覚め始めていた。

▶参考資料

1　総務省統計局「人口推計」：https://www.stat.go.jp/data/jinsui/new.html

2　国立社会保障・人口問題研究所「日本の将来推計人口（平成29年推計）」：http://www.ipss.go.jp/pp-zenkoku/j/zenkoku2017/pp29_gaiyou.pdf

3　内閣府「令和元年版高齢社会白書」：https://www8.cao.go.jp/kourei/whitepaper/w-2019/html/zenbun/s1_1_1.html

4　厚生労働省「令和元年（2019）人口動態統計」：https://www.mhlw.go.jp/toukei/saikin/hw/jinkou/kakutei19/dl/09_h5.pdf

5　金融審議会・市場ワーキング・グループ報告書「高齢社会における資産形成・管理」（2019年6月3日）：https://www.fsa.go.jp/singi/singi_kinyu/tosin/20190603/01.pdf

6　厚生労働省「70歳までの就業機会確保（改正高年齢者雇用安定法）」（令和3年4月1日施行）：https://www.mhlw.go.jp/content/11600000/000626609.pdf

7　日本創成会議・人口減少問題検討分科会「成長を続ける21世紀のために『ストップ少子化・地方元気戦略』」（2014年5月8日）：http://www.policycouncil.jp/pdf/prop03/prop03.pdf

8　総務省「住民基本台帳人口移動報告（2020年（令和2年）11月結果）」：https://www.stat.go.jp/data/idou/sokuhou/tsuki/index.html

9　「テレワーク移住定着するか　脱サラせずに地方へ」（日本経済新聞電子版2020年9月23日）：https://www.nikkei.com/article/DGXMZO63844900V10C20A9000000

10　「コロナで人生が激変　幸せな生き方のニューノーマル」（日本経済新聞電子版2021年1月4日）：https://style.nikkei.com/article/DGXMZO67568430S0A221C2000000

11　神戸市「『テレワークOK』Withコロナ時代の新たな働き方　神戸市役所は『副業人材』40名を募集開始します」（令和2年9月24日）：https://www.city.kobe.lg.jp/a57337/kohokikaku/press20200924fukugyo.html

12　厚生労働省「副業・兼業の促進に関するガイドライン」（平成30年1月策定，令和2年9月改訂）：https://www.mhlw.go.jp/content/11201250/000665413.pdf

13　一般社団法人シェアリングエコノミー協会：https://sharing-economy.jp/ja/about/

14　元田光一「ロボティクス社会　どこでも買えるすぐに使える　自動運転が変える未来のショッピング」（2018年8月28日）：https://project.nikkeibp.co.jp/mirakoto/atcl/robotics/082500008/

15　松谷創一郎氏「変化する芸能人，変化しない芸能プロダクション──手越祐也・独立記者会見から見えてくる芸能界の変化」（2020年6月25日）：https://

16　公正取引委員会・競争政策研究センター「人材と競争政策に関する検討会報告書」（2018年2月15日）：https://www.jftc.go.jp/cprc/conference/index_files/180215jinzai01.pdf

17　「ジャニーズに『注意』　公取委の狙いは？」（日本経済新聞電子版2019年7月18日）：https://www.nikkei.com/article/DGXMZO47464800Y9A710C1000000

18　木下昌彦「『＃検察庁法改正案に抗議します』の衝撃――芸能事務所への独占禁止法の適用とその民主的意義」『判例時報』2450・2451号（2020年）287-291頁

19　総務省・（公財）明るい選挙推進協会「18回統一地方選挙全国意識調査――調査結果の概要」（2016年2月）：https://www.soumu.go.jp/main_content/000427227.pdf

20　「テニス大坂が『今年の女性アスリート』　人種問題発信」（日本経済新聞電子版2020年12月28日）：https://www.nikkei.com/article/DGXLSSXK10020_Y0A221C2000000

21　厚生労働省「労働市場レポート第41号　入職者の入職経路に関する分析」（2014年9月30日）：https://www.mhlw.go.jp/file/06-Seisakujouhou-11600000-Shokugyouanteikyoku/0000066757.pdf

22　大内伸哉『最新重要判例200労働法（第6版）』（弘文堂，2020年）の第18事件

23　公正取引委員会「デジタル・プラットフォーム事業者と個人情報等を提供する消費者との取引における優越的地位の濫用に関する独占禁止法上の考え方」（2019年12月17日）：https://www.jftc.go.jp/houdou/pressrelease/2019/dec/191217_dpfgl_11.pdf

24　経済産業省「特定デジタルプラットフォームの透明性及び公正性の向上に関する法律案の概要」：https://www.meti.go.jp/press/2019/02/20200218001/20200218001-1.pdf

25　厚生労働省「自営型テレワークの適正な実施のためのガイドライン」（2018年2月）：https://www.mhlw.go.jp/file/06-Seisakujouhou-11900000-Koyoukintoujidoukateikyoku/0000198641_1.pdf

26　この問題については，弥永真生・宍戸常寿編『ロボット・AIと法』（2018年，有斐閣）を参照。

27　大屋雄裕「個人信用スコアの社会的意義」『情報通信政策研究』2巻2号（2019年）：https://www.soumu.go.jp/main_content/000605069.pdf

28　統合イノベーション戦略推進会議決定「人間中心のAI社会原則」（2019年3月29日）：https://www.cas.go.jp/jp/seisaku/jinkouchinou/pdf/aigensoku.pdf

29 総務省「テレワークセキュリティガイドライン（第4版）」（2018年4月）：https://www.soumu.go.jp/main_content/000545372.pdf

30 内閣官房内閣サイバーセキュリティセンター「緊急事態宣言（2021年1月7日）を踏まえたテレワーク実施にかかる注意喚起」（2021年1月8日）：https://www.nisc.go.jp/press/pdf/20210108_caution_press.pdf

31 谷脇康彦『サイバーセキュリティ』（岩波新書，2018年）

32 総務省『情報通信白書（平成23年版）』：https://www.soumu.go.jp/johotsusintokei/whitepaper/ja/h23/pdf/n2020000.pdf

33 「電子国家『e-Estonia』へようこそ」：https://e-estonia.com/wp-content/uploads/2828-e-estonia-introduction-presentation-jap-estonian-design-team-19121622.pdf

終 章

近未来の働き方に向かって

テレワークへの移行は止まらない

　2020年に突然起こった新型コロナウイルス感染症の影響は，テレワークの拡大に寄与することになった。とくに政府の二度にわたる緊急事態宣言の際に，テレワークが要請されたことにより，テレワークに消極的であった会社も重い腰を上げざるを得なくなった。こうして多くの日本人がテレワークを経験することになった。テレワークを良いと思った人もいるであろうし，不便と思った人もいるであろう。ただ，テレワークの「ブーム」が，今後かりに下火になっても，中長期的にみると，この働き方が広がっていくことは確実である。ここで，その理由を，もう一度確認しておくことにする。

　第一に，ICT（情報通信技術）は，今後ますます発達していく。5G（第5世代移動通信システム）が広く導入されると，VR（仮想現実）やAR（拡張現実）はもっと身近になっていくであろう。これにより，対面型でなければできない仕事は，少なくとも技術的な面からみると，大幅に減っていくことが予想される。もちろん，会社がきちんとデジタル技術に対応できるかという問題は残る。とくに中小企業ではコストの負担もあって対応が大変となるかもしれない。しかしコロナ禍を経験して，デジタル対応がBCP（事業継続計画）として

いかに重要であるかは，中小企業であるほど強く認識したかもしれない。今後も予想される災害やさらなる感染症などに備えるためにも，会社はデジタル対応を進め，いざというときでもテレワークにより，事業を中断しなくてもよい体制を築いていくことが会社の存続のために必要であるし，政府もそれを支援していくべきであろう。これがテレワークの広がりが確実だと考える第一の理由である。

　第二の理由は，第一の理由と関係するが，デジタル技術の発展は，産業の様相を一変させ，それにともない仕事の内容も変えていくことである。これからの仕事は，データを活用してそこから新たな価値を生み出すものが中心になっていく。人間が手足を使って行う作業の中心は，パソコンなどの端末への入力になっていくだろう（入力さえも脳で自動的になされるようになる可能性がある）。ただ，その作業も機械的な肉体作業ではない。機械的な作業であればRPA（Robotic Process Automation）で代替されていく。入力する情報は，頭の中で行った知的生産の成果である。こうした知的生産が中心になると，わざわざ会社に行かなくてもよくなるであろう。インターネットにつながっていて，仕事に必要な情報が格納されているクラウドにアクセスさえできれば，世界中のどこででも働くことができるようになる。

　もっとも，将来的には，あらゆる作業が自動化されて，人間の関与が必要となる仕事は残されないようになるかもしれない。シンギュラリティ（技術的特異点）に到達して，AIの知能が人間の知能を上回ると，人間の知的生産活動自体もなくなるかもしれない。そうなったときは，人間は生産活動以外の活動に専念することになるであろう。収入を支えるのは，労働に対する報酬ではなく，ベーシックインカムのような政府が支給するものとなるであろう。

　ただ，そこに至るまではもう少し時間がある。少なくともそれま

では，私たちは，会社員として，あるいはフリーワーカーとして働いていくことになる。そのときの働き方の中心はテレワークなのである。

SDGsからみたテレワーク

　テレワークが広がっていく第三の理由は，これからの私たちの生活において最重要の目標であるSDGsに適しているからである。SDGsとは，国際連合（国連）が提示した17の「持続可能な開発目標」のことを言い，「貧困に終止符を打ち，地球を保護し，すべての人が平和と豊かさを享受できるようにすることを目指す普遍的な行動」を呼びかけるものである[1]（図表 終-1）。この目標のなかには，「気候変動に具体的な対策を」というものも含まれている（「目標13」）。テレワークにより，マイカーや公共交通機関を利用した通勤がなくなることによって，CO_2削減が予想される。電気使用量も，自宅とオフィスを比べれば，自宅のほうが少ないはずである。環境に負荷をかけない働き方として，SDGsの観点からもテレワークは推奨されるべきものである。

　企業経営者は，今後は，環境を意識した行動をとらなければやっていけなくなる。デジタルトランスフォーメーション（DX）と並ぶもう一つの大きな社会変革として，グリーントランスフォーメーション（GX）の動きがある。脱炭素社会への移行の動きは急速である。最近の機関投資家は，投資先の会社を選別する基準として，環境のE（Environment），社会のS（Social），（企業）統治のG（Governance）を重視するESG投資が盛んである。例えば脱炭素化に向けた具体的な目標を発表できない会社は，投資先から外されるという事態も生じている。テレワークは，こうしたGXの流れのなかに位置づけることもできる。例えば全社員がテレワークをしている会社

は，環境面に配慮している会社として投資家から高く評価されることになるであろう。それだけでなく，社員に働きやすい職場環境を提供しているという点で，ESGの「S」（社会）の面からも評価されるかもしれない。

またテレワークは，移動弱者の雇用機会を広げる（⇒第1章④）という点では，SDGsの挙げる目標10「人や国の不平等をなくそう」にもつながる。誰もが能力と意欲に応じて，仕事について生計を維持する可能性を，テレワークであれば高めることができる。それは目標8「働きがいも経済成長も」にも関係する。

いまの若い世代は，幼いときからSDGsを意識した環境で育っており，SDGsネイティブと呼ばれている。会社が株主の利益だけを考えて営利を追求しているようでは，若者に振り向いてもらえなくなる。

このようにみると，デジタル技術を用いた会社の変革は，単なる

図表終-1　SDGsの17の目標

目標1	貧困をなくそう	目標10	人や国の不平等をなくそう
目標2	飢餓をゼロに	目標11	住み続けられるまちづくりを
目標3	すべての人に健康と福祉を	目標12	つくる責任　使う責任
目標4	質の高い教育をみんなに	目標13	気候変動に具体的な対策を
目標5	ジェンダー平等を実現しよう	目標14	海の豊かさを守ろう
目標6	安全な水とトイレを世界中に	目標15	陸の豊かさも守ろう
目標7	エネルギーをみんなに　そしてクリーンに	目標16	平和と公正をすべての人に
目標8	働きがいも経済成長も	目標17	パートナーシップで　目標を達成しよう
目標9	産業と技術革新の　基盤をつくろう		

出典：国連開発計画（UNDP）駐日代表事務所「SUSTAINABLE DEVELOPMENT GOALS」

流行の動きではなく，会社が今後生き残るために不可欠の経営戦略と言えるであろう。テレワークの導入は，その第一歩にすぎない。これさえできていない会社は，時代の波に乗り遅れてしまうことになるであろう。

奪われた場所主権

　テレワークが広がると考える第四の理由は，より根源的な問題と関わる。移動しないで働くということのもつ意義である。これは，そもそも私たちはなぜ移動するのか，という問いと関係している。

　動物としての私たちは，植物と異なり，生きていくためには食物を求めて移動しなければならない。移動する生き物だから「動物」なのである。ただ約1万年前に農業が発明されてからは，一つの場所で安定的に食物を得ることができるようになり，それほど移動しなくても生きていけるようになった。

　ところが，約250年前にイギリスで産業革命が起こり，産業の中心が農業から工業に移ると，人々の生活は一変した。農村は農業生産性が向上するにつれ人口が過剰となり，そこから都市部に人々が流入するようになった。農村から離れて都市に出て働くようになった工場労働者は，食料を得るためには労働して賃金を得なければならなかった。このときから，工場労働者の苦難の道が始まる。工場は機械が主役で人間はそのオペレータにすぎない。とくに重化学工業の巨大な工場では，労働者は組織の歯車にすぎず，その労働は苦役であった。工場が稼働する時間に合わせて，自宅から工場まで行き，工場が止まれば自宅に帰るという通勤は，時間的にも場所的にも主権を奪われた労働者の苦境を象徴する行為であった。

　高度経済成長期以降の日本は，世界有数の経済的に豊かな国になったが，それでも労働者の苦境は違った形で現れていた。雇用や賃

金が安定し，一見恵まれているようにみえる正社員でさえ，都市部では人口が集中し職住接近が難しいため，朝夕のラッシュアワーは「通勤地獄」を経験せざるを得なくなった。社内では「いつでも，どこでも，何でもやる」という拘束性の強い働き方が，彼らを苦境に追いこんでいた。そこでは，時間主権や場所主権は大幅に制約されていた。なかでも転勤という形での会社からの移動の強制は，転居をともなうものであっても，会社はおかまいなしであった。最高裁は，転居をともなう転勤は「通常甘受すべき程度を著しく超える不利益」をもたらす場合には会社の権利の濫用になると述べた（東亜ペイント事件）が，それは逆にいうと，生活面での多少の不利益程度のものであれば甘受せよということを意味していた。非裁判官出身の最高裁判事ならともかく，一般の裁判官であれば，転勤はごく当たり前のことである。「通常甘受すべき」だとして，社員に受忍を求める水準が高まってもおかしくはない。実際，人権の最後の砦となるべき裁判所の判断をみると，会社の転勤には比較的寛大であった（⇒第1章③）。

場所主権の回復

　テレワークは，通勤のみならず，転勤の必要性もなくしてくれる。自宅にいることによって，育児や家族介護との両立もやりやすくなる。育児や介護は，人間としての基本的な営みである。しかし，時間主権も場所主権も奪われている労働者には，これまでは，法律によって育児休業や介護休業を認めてもらえなければ，こうした営みさえままならない状況にあったのである（育児休業の導入は1992年，介護休業の導入は1999年）。

　しかしテレワークが広がっていくと，個人で対応できる余地が広がる。会社は，育児や介護をする社員のためにだけテレワークを認

めるのは難しいようだが，前述のように，会社は，事業の遂行方法をテレワーク仕様に再編成していかなければ，将来の発展可能性はない。最初は大変でも，いったんテレワークを導入すると，優秀な人材が力を発揮しやすくなり（出産を理由とする退職や介護離職などを避けられる），会社の成長にもつながるという好循環が起きる。人手不足が進む今後は，こうした会社しか生き残れないだろう。

　以上は主として雇用型テレワークの話だが，自営型テレワークとなると，ワーク・ライフ・バランスの実現はいっそう容易となりやすい。自営型テレワークが私たちの働き方の「ニューノーマル」として完全に定着したとき，私たちの場所主権や時間主権の回復は完結するのである。

デジアナ・バランスの重要性

　テレワークは，DXの一つの側面にすぎない。私たちの生活は，今後，デジタル技術を活用したものに劇的に変化していく。教育や医療の面でも，デジタル化が進み，オンラインでサービスが提供されていくようになるであろう。コロナ禍は，これまでなかなか進まなかったオンライン化を，これからの社会改革における優先的なアジェンダとするきっかけとなることであろう。オンライン化のメリットは，人々は移動をしないでムーブレスで，様々な利便を享受できるようになることにある。その典型例が，移動をせずに，仕事をすることなのである。在宅でのムーブレスなテレワークを完全に実現していくためには，行政に関する手続もすべてオンラインで完結できなければならない。行政のデジタル化が完成して，真のムーブレスなテレワークも実現できる。

　仕事や行政サービス以外の場面でもムーブレスは広がっていく。例えば，商品の購入は急速にムーブレス化が進んでいる。近い将来，

コンビニエンスストアは，倉庫となり，ドローンによる配送の拠点に変わるであろう。さらに，リアル世界の情報がデジタル化されて，大量かつ高速で送受信できるようになり，VRやARの技術が実用化されてくると，遠隔地へも，現場にいるのとかわらない体験情報を提供してくれる。この技術は，教育における遠隔授業や医療における遠隔診療・遠隔手術にも活用できる。旅行もそうである。ANAホールディングスが立ち上げた「アバターイン」は，人間は空間的に移動せず，自分の分身である「newme」を世界中のどこにでも移動させることを可能とした[▶2]。航空会社が，人間の身体を移動させるのではなく，意識や感覚だけを移動させるというのは，まさに逆転の発想である。これにより，私たちは家にいながら，体験情報を得ることができるようになる。観光産業や旅行産業が，体験情報を提供する産業である以上，その情報を伝えることさえできれば，リアル空間で移動しなくても観光産業として成り立つことになる。

芸術鑑賞も，人々は移動しなくてサービスを享受できるようになる。美術館めぐりは，自宅で行えるようになるであろう。サザンオールスターズのライブ配信で話題になったように，リアル体験型のエンタテインメントでさえ，自宅で楽しめるようになる。

こうした新たな形態のサービスは，デジタルデータのやりとりという形でなされ，そのなかでさらにデータ（客の行動ログなど）が蓄積され，それをAI（人工知能）が分析して，次々と新しい価値を生み出していく。こうして私たちの生活は激変していくのである。

もちろんそこではAIの暴走を許してはならないという歯止めが必要である。あくまでAIを始めとするデジタル技術は，私たちが住む共同体社会の抱える課題を解決する目的のために利活用されなければならない。主役は機械ではなく人間である。そして，人間を

中心とする社会観をもつ以上，生身の人間に寄り添うことができるアナログ的な技術もうまく活用していく必要がある。その意味で大切なのが，デジタルとアナログのバランス（デジアナ・バランス）をきちんととることなのである。

呪縛からの解放

Ａくんは，少し前までは想像もつかなかったような技術革新とそれが引き起こす社会の変革が起ころうとしていると実感していた。これがDXの衝撃なのであろう。ただ，Ａくんは，このDXの真っ只中にいながらも，まだどこか20世紀的な発想の呪縛に囚われているような気もしていた。そうした呪縛の典型例が，ワーク・ライフ・バランスに踏み切れない働き方である。

とくに日本人は，Ａくん自身も含め，これまで，ワーク（仕事）のためとなるとライフを簡単に犠牲にしてしまっていた。「ライフよりもワーク」という優先順位のつけ方は，長らく日本社会では当然のことであり，それはなかなか変わってこなかった。しかしテレワークは，この優先順位を揺るがす可能性があるように思える。生活の拠点から動かずに仕事ができることのもたらす意味は大きい。単に通勤がなくなり，身体的な疲労が減る，生活時間が増えるといったことにとどまらない。働く側の意識の面で，仕事のために移動しなければならないというワーク中心の発想から脱却できるかもしれないからである。

ワーク・ライフ・バランス（仕事と生活の調和）については，2007年に制定された労働契約法により，労働契約の締結や変更において配慮すべきものと定められている。法律上は，具体的にどのように配慮するかが明示されていないので，効果が薄そうな規定だが，そのもつ理念的意味は深いもののように思える。私たちは，いつ，ど

こで，どのように生活するかは自分たちで決定できるべきであり，労働は，あくまで私たちの生活のなかの一部にすぎないのである。

　私たちは，本来，時間主権と場所主権をもっている。私たち一人ひとりが自分の幸福を追求するために，いつ，どこで，どのように労働するかを自ら決定していくことができるのである。Aくんは，このことを知って，自分の目が開かれたような気分になった。こうした主権がある以上，それをしっかり行使する必要がある。テレワークは，自分で決定するという生き方や働き方を実現するための不可欠な要素と言えるのである。

　Aくんは，これまで，何か大きな仕事をするときには，会社に入らなければできないと思っていた。会社員になると，会社の組織人となることが人間としての成熟を意味すると考えていた。組織（ワーク）のために家庭（ライフ）を犠牲にしても，それは結局，家族のためになると思い自己正当化していた。逆に家庭（ライフ）を中心にすることは，人間として恥ずかしいことだと思いこんでいた。そして，こうした意識をもたない若者たちを，苦々しく思っていた。

　いま必要なのは，こうしたレガシー（過去の遺物）を捨て，会社中心の働き方から個人中心の働き方へと移行することである。これは，ワーク中心からライフ中心への移行を意味するのであろう。そうした移行をするためにも，テレワークが必要なのである。これまでの発想の呪縛から解放され，21世紀にふさわしい働き方としてテレワークが広く認知されるとき，私たちは人間らしい生き方と働き方を取り戻すことができるであろう。

▶参考資料

1　国連開発計画（UNDP）駐日代表事務所「SUSTAINABLE DEVELOPMENT GOALS」：https://www.jp.undp.org/content/tokyo/ja/home/sustainable-development-goals.html

2　Avatarin：https://avatarin.com/

著者紹介

大内 伸哉（おおうち・しんや）

1963年生まれ。東京大学大学院法学政治学研究科博士課程修了（博士［法学］）。神戸大学法学部助教授を経て，現在，神戸大学大学院法学研究科教授。主な著書に，『君は雇用社会を生き延びられるか』（明石書店），『人事労働法』『AI時代の働き方と法』『雇用社会の25の疑問』（以上，弘文堂），『デジタル変革後の「労働」と「法」』（日本法令），『労働時間制度改革』『非正社員改革』（以上，中央経済社），『労働法で人事に新風を』（商事法務），『経営者のための労働組合法教室』（経団連出版会），『会社員が消える』（文藝春秋），『君の働き方に未来はあるか』（光文社）等。

誰のためのテレワーク？
──近未来社会の働き方と法

2021年5月25日　初版第1刷発行

著　者　　大　内　伸　哉
発行者　　大　江　道　雅
発行所　　株式会社　明石書店
〒101-0021　東京都千代田区外神田6-9-5
電　話　　03（5818）1171
ＦＡＸ　　03（5818）1174
振　替　　00100-7-24505
http://www.akashi.co.jp

装丁　　　清水肇（prigraphics）
印刷　　　株式会社文化カラー印刷
製本　　　協栄製本株式会社

（定価はカバーに表示してあります）　　ISBN978-4-7503-5203-9

不平等と再分配の経済学
格差縮小に向けた財政政策
トマ・ピケティ著　尾上修悟訳
◎2400円

サイバーハラスメント
現実へと溢れ出すヘイトクライム
ダニエル・キーツ・シトロン著
明戸隆浩、唐澤貴洋、原田學植監訳
大川紀男訳
◎4500円

在野研究ビギナーズ
勝手にはじめる研究生活
荒木優太編著
◎1800円

変わりゆくEU
永遠平和のプロジェクトの行方
臼井陽一郎編著
◎2800円

世界のAI戦略
各国が描く未来創造のビジョン
マルチメディア振興センター編
◎3500円

教育のディープラーニング
世界に関わり世界を変える
マイケル・フラン、ジョアン・クイン、ジョアン・マッキーチェン著
松下佳代監訳
濱田久美子訳
◎3000円

教育のワールドクラス
21世紀の学校システムをつくる
アンドレアス・シュライヒャー著　経済協力開発機構(OECD)編
ベネッセコーポレーション企画・制作
鈴木寛、秋田喜代美監訳
◎3000円

デジタル時代に向けた幼児教育・保育
人生初期の学びと育ちを支援する
アンドレアス・シュライヒャー著
経済協力開発機構(OECD)編
一見真理子、星三和子訳
◎2500円

GDPを超える幸福の経済学
社会の進歩を測る
ジョセフ・E・スティグリッツほか編著
経済協力開発機構(OECD)編　西村美由起訳
◎5400円

高齢社会日本の働き方改革
生涯を通じたより良い働き方に向けて
経済協力開発機構(OECD)編著　井上裕介訳
◎3500円

OECD幸福度白書4
より良い暮らし指標：生活向上と社会進歩の国際比較
OECD編著　西村美由起訳
◎6800円

信頼を測る
OECDガイドライン
経済協力開発機構(OECD)編著
桑原進監訳　高橋しのぶ訳
◎5400円

環境ナッジの経済学
行動変容を促すインサイト
経済協力開発機構(OECD)編
齋藤長行監訳　濱田久美子訳
◎3500円

全国データ SDGsと日本
誰も取り残されないための人間の安全保障指標
NPO法人「人間の安全保障」フォーラム編
高須幸雄編著
◎3000円

国際的な人の移動の経済学
佐伯康考著
◎3600円

オフショア化する世界
人・モノ・金が逃げ込む「闇の空間」とは何か?
ジョン・アーリ著
須藤廣、濱野健監訳
◎2800円

〈価格は本体価格です〉

OCR 人工知能（AI）白書

先端テクノロジーによる経済・社会的影響

経済協力開発機構（OECD）編著

齋藤長行 訳

■A5判／並製／262頁 ◎3600円

近年めざましい進歩を遂げるAIテクノロジー。OECDによる最新の情報と取り組みから、技術的な進歩や投資状況を概観し、利用分野別の普及状況や政策展望を見通すことで、公共政策上の主要課題を整理する。国際機関や主要27か国の政策対応も取り上げる。

●内容構成●

はしがき

序文

要旨

第1章　技術的ランドスケープ

第2章　経済的状況

第3章　AIアプリケーション

第4章　公共政策に関する検討事項

第5章　AI政策とイニシアチブ

訳者あとがき

「3密」から「3疎」への社会戦略

ネットワーク分析で迫るリモートシフト

金光淳 著

■四六判／並製／264頁 ◎2200円

日本再興のカギは「中心のない社会的空間モデル」の実践だ。社会学・経営学・ネットワーク科学等を駆使する研究者が、豊富な図解と学問的根拠を併せつつ、パンデミックに動じない新時代の働き方（リモートワーク）と国家的生存戦略（リモートシフト）を提示。

●内容構成●

序　章　コロナ禍でわれわれの生活はどうなったか

第1章　ソーシャル・ネットワーク論を導入する

第2章　管理中枢からの社会的距離戦略
　　　　──いかに自由に、自立して働くか

第3章　中央＝東京からの社会的距離戦略
　　　　──移住と地方への分散戦略

第4章　人からの社会的距離戦略
　　　　──イノベーションのネットワークをどうつくるか

終　章　「3密」から「3疎」への社会戦略はデジタル環境マルクス主義に通じる

〈価格は本体価格です〉

日本のオンライン教育最前線

アフターコロナの学びを考える

石戸奈々子 編著

■A5判／並製／272頁 ◎1800円

コロナ休校で明らかになった日本のデジタル教育の遅れ。子どもたちの学びを止めないために今何をすればよいのか。世界の動向、国内の先進自治体や学校現場、民間の教育産業の取組を通して、AI×データ時代の本格到来を前に急激に変化する学びの最前線をお伝えする。

● 内容構成 ●

プロローグ　動き始めた日本のデジタル教育
Chapter1　学校でICTを使うのが当たり前の社会に
　　　　　GIGAスクール構想の課題と展望
Chapter2　コロナ休校で、海外の学校はどう動いたか？
　　　　　世界各国の取組から学ぶ
Chapter3　コロナ休校で、日本の学校はどう動いたか？
　　　　　日本各地の取組から学ぶ
Chapter4　コロナ休校で、民間の教育産業はどう動いたか？
　　　　　塾・IT企業・テレビ放送から保護者の反応まで
コラム　経済産業省のコロナ休校対策
　　　「学びを止めない未来の教室」（マナトメ）の90日
Chapter5　アフターコロナで広がるAI・教育データ活用の可能性
エピローグ　アフターコロナ教育を構想する

コロナ禍が変える日本の教育

教職員と市民が語る現場の苦悩と未来

NPO法人「教育改革2020『共育の杜』」企画・編集

■四六判／並製／256頁 ◎2000円

コロナ禍によって突然、現場にもちこまれた小・中・高校の一斉休校。年度末の最後の日々を失った子どもたちにどのようなケアに転換するか…。なかなか進まないICT教育を一気に導入するチャンスに転換する…。20の現場からあがった声がコロナ後の教育の展望を語る。

● 内容構成 ●

はじめに／PTA役員を通してみたコロナ禍の学校と子ども／「コロナ禍がもたらした教育の転換期」教育行政の視点から／コロナ禍における京都府教育委員会の対応／困難をポジティブに乗りこえ、幸福な未来へ／コロナ禍で得たもの／新規採用職員奮闘日記／新型コロナウイルス感染拡大に伴い学校教育が直面した課題と現状／医療的ケアが必要な子どもが通う特別支援学校の現状／コロナ禍がもたらしたもの／コロナ禍で明らかになった学校給食の役割／コロナ禍から考えるポストコロナ時代の学校事務／今こそ、形状記憶マインドから脱却するとき／ウィズコロナにおける、子どもを真ん中に据えるチーム学校／コロナ禍で学んだこと／ICT支援員にできること／誰もが安心して過ごせるコロナ禍のスクールカウンセラー／支援員、そして保護者としてコロナ禍で学んだこと、今こそ／コロナ禍が子どもたちの心に与えた影響／学校における新型コロナウイルス感染症対策についてのアフターコロナの教育を考える／コロナ禍における教職員の過酷な勤務環境／あとがき

〈価格は本体価格です〉

リモートワーク

チームが結束する次世代型メソッド

リセット・サザーランド、
カースティン・ジャニーン＝ネルソン 著
ヨーガン・アペロ 序文　上田勢子、山岡希美 訳

■A5判／並製／432頁　◎2500円

欧米のIT業界が長く牽引してきたリモートワーク。そこで蓄積された膨大なメソッドは、他業種にも多くのヒントを与えてくれる。第一人者が初級者、中級者、マネジャーに伝える、最先端の方法論。いま、仕事の質を変えるとき。

序文〔ヨーガン・アペロ〕

● 内容構成 ●

第Ⅰ部　リモートワークの前提条件
第1章　なぜリモートワークをするのか／第2章　リモートワークが雇用主にもたらす利益／第Ⅰ部　番外編

第Ⅱ部　リモートワーク実践ガイド
第3章　リモートワーク入門編／第4章　リモートワーク中級編／第Ⅱ部　番外編

第Ⅲ部　リモートチームのマネジメント 入門編
第5章　リモートワーク導入への移行という選択肢／第6章　リモートワークの人材とチームの雇用／第Ⅲ部　番外編

第Ⅳ部　リモートチームのマネジメント 中級編
第7章　コミットして指導、信頼して成功／第8章　成功へ導くためのリーダーシップ、方向性の一致、ツール／第9章　チーム間のルール決め／第10章　まとめ／第Ⅳ部　番外編

結論　成功への道を共に歩む

リモートワーク・ビギナーズ

不安を取り除くための7つのヒント

テレサ・ダグラス、ホリー・ゴードン、
マイク・ウェバー 著　上田勢子 訳

■四六判／並製／288頁　◎1800円

2010年、突如として社員の9割をリモートに切り替えた米国教育業界の最大手カプラン社。長年かけてリモートワーカーたちが学んだ最も重要なことは、離れて働くことで起こる感情・心理的問題にどう対処するかだった。世界共通のその秘訣を7点にまとめ紹介する。

日本の読者のみなさんへ
はじめに

● 内容構成 ●

Chapter 1　意識づくりのためのヒント
Chapter 2　内外の環境を整えるためのヒント
Chapter 3　仕事の流れをつくるためのヒント
Chapter 4　コミュニケーションのためのヒント
Chapter 5　プロとしての進歩と成長のためのヒント
Chapter 6　特定の状況に対処するためのヒント
Chapter 7　マネジャーのためのヒント

〈価格は本体価格です〉

君は雇用社会を生き延びられるか

職場のうつ・過労・パワハラ問題に労働法が答える

大内伸哉［著］

◎四六判／並製／312頁　◎2,200円

現代社会において、会社で働くことは常に危険性をはらんでいる。過労、うつ、ストレス、パワハラ……。心身の健康を損ない、ときには死に至ることさえある。本書はその事実をデータを使って示しながら、自分たちを守ってくれる法の知識をわかりやすく解説する。全ての会社員、経営者、管理職必読。

《内容構成》───────

プロローグ

第1章
家族が過労で亡くなったら
第1節　労災編
第2節　民事損害賠償編
第3節　過労自殺

第2章
働きすぎにならないように
するために
第1節　労働時間規制
第2節　日本の労働時間規制の
　　　　問題点
第3節　日本の休息制度
第4節　休息の確保のための
　　　　制度改革の提言

第3章
日頃の健康管理が大切
第1節　法律による予防措置
第2節　健康増悪の防止
第3節　メンタルヘルス

第4章
快適な職場とは?
第1節　職場のストレス
第2節　セクシュアルハラスメント
第3節　パワーハラスメント

エピローグ
巻末資料

〈価格は本体価格です〉